U0732636

亲子
成长游戏

0~6岁儿童养育专家全知道

科学高效的养育方法
知名专家的教养指南

储朝晖/著

北京理工大学出版社
BEIJING INSTITUTE OF TECHNOLOGY PRESS

图书在版编目（CIP）数据

亲子成长游戏/储朝晖著.—北京：北京理工大学出版社，2015.11

ISBN 978 - 7 - 5682 - 1232 - 8

Ⅰ.①亲…　Ⅱ.①储…　Ⅲ.①智力游戏－学前教育－教学参考资料
Ⅳ.①G613.7

中国版本图书馆CIP数据核字（2015）第214789号

出版发行／北京理工大学出版社有限责任公司

社　　　址／北京市海淀区中关村南大街5号

邮　　　编／100081

电　　　话／（010）68914775（总编室）

　　　　　　（010）82562903（教材售后服务热线）

　　　　　　（010）68948351（其他图书服务热线）

网　　　址／http://www.bitpress.com.cn

经　　　销／全国各地新华书店

印　　　刷／保定市中画美凯印刷有限公司

开　　　本／710毫米×1000毫米　1／16

印　　　张／15.25　　　　　　　　　　　　责任编辑／刘　娟

字　　　数／207千字　　　　　　　　　　　文案编辑／刘　娟

版　　　次／2015年11月第1版　2015年11月第1次印刷　　责任校对／周瑞红

定　　　价／39.80元　　　　　　　　　　　责任印制／马振武

"0～6岁儿童养育专家全知道"丛书序

　　几年前，中国教育科学研究院研究员储朝晖出版他写的《中国幼儿教育忧思与行动》一书时，曾经他的导师郭齐家介绍，打电话要我写序，当时我以对幼儿教育的现状不了解为由推辞了。2012年6月，我又接到储朝晖的电话。原来是他收到徐勇给的《卢乐山口述历史》一书，看后又打电话告诉我，说他在筹备编写一套婴幼儿发展与教育丛书，其中还有一本我的朋友钱玲娟的书，希望我能为这套书写序。我盛情难再却，就答应了下来。

　　储朝晖30多年来一直作实地调查，对教育的实际情况很了解，对各地婴幼儿教育很热但又很功利的问题感到很担忧，对中国早期教育的专业水平还处在较低的阶段很着急，因而在内地、香港约集早期教育前沿的专业工作者编写"0～6岁儿童养育专家全知道"丛书，试图为早期教育注入理性的精神和科学的理念，这是一件十分有价值的事。

　　现在幼儿教育各方面的书多了，但是能理论结合实际的书还是很需要的。这套丛书以婴幼儿的生活和发展为关注点，既有国外比较成熟的早期教育论著翻译，又关注婴幼儿护理与习惯养成；既有久远传统的玩具的玩与学，又有幼儿心理与行为问题应对，还有亲子游戏这些富有生活趣味的内容。既有理论，又有实际，这是本套书的长处。

　　但需要对家长、老师们多说一句的是，书本只能谈到一般的规律，或者展现个别的经验。而每个孩子都是不一样的，他的遗传、环境、所接触的人各不相同，那么他的身心发展特点也一定因人而异。所以，我们在学习书本的时候，先要把理论学懂了，再结合其中的实际部分，看看人家为什么是这么实践的，想想我该怎么去实践；在具体实践的时候，我们要参考一般的规律，也要借鉴个别的经验，但是最重要的还是结合孩子的个别情况来灵活运用。总之，务必将书本消化了之后，再运用到自己身上，这是广大读者需要注意的。当然，这注定不是一件"小儿科"的事。

0～6岁婴幼儿发展是终身发展的基础，早期教育对人的成长发展具有极为关键性的作用，早期教育的重要性正在被越来越清晰地认识。卢梭讲："天性为是。"相信本套丛书将高扬此幼儿教育真谛，引导越来越多的人走向科学、理性的育儿之路。

是为序。

卢乐山

2014年6月1日

目 录

第三章 1~3岁亲子游戏 / 61

第一章 游戏与幼儿成长

《辞海》中对游戏下了一个很抽象的定义：以直接获得快感为主要目的，且必须有主体参与互动的活动。也有人将游戏定义为：游戏是一种自由选择、自愿参加的非正规的带有乐趣性的活动。也就是说，这种活动是主体通过动作、语言、表情等变化的方式来获得生理和心理上的愉悦。

一　游戏对于儿童成长的特殊功能

　　游戏是孩子们最喜爱的一种活动，也是孩子生活中的主要活动，游戏对于人的童年生活有着特殊意义，是儿童成长发展不可或缺的内容。幼儿在游戏中扮演各种角色，模仿成人、动物乃至各种机械的活动，表达了他们的兴趣和愿望，反映出他们对于社会生活的认识和理解。

　　众所周知，儿童的身体正处在发育阶段，不能直接从事生产劳动；儿童的智能也处于发育过程中，需要通过一定的活动促进其发展。在此情况下，游戏便成为适合儿童并能有效满足他们成长发展的主要活动。

　　对于这种特殊功能，古代先哲早已洞明。柏拉图说：游戏是一切幼子（动物和人）的生活和能力跳跃需要而产生的有意识的模拟活动。亚里士多德认为：游戏是劳作后的休息和消遣，是本身不带有任何目的性的一种行为活动。

　　现代人对游戏也有一些相当准确的表述。索尼在线娱乐的首席创意官拉夫·科斯特认为：游戏就是在快乐中学会某种本领的活动。

　　活泼有趣的儿童游戏对儿童的重要性在人类进化的过程中就已确定。现今人们依然可以看到，在动物世界里，游戏是各种动物熟悉生存环境、彼此相互了解、练习竞争技能，进而获得生存本领的一种必不可少的本能活动。在人类童年生活中，游戏不仅仅保留着动物本能活动的特质，更重要的是作为高等动物的人类，为了自身成长发展，需要进行更加多样的游戏活动，进而创造出更多的游戏活动。在这个意义上说，游戏并非仅为娱乐，而是一种严肃的人类自发活动，含有获取更高生存技能和智力发展的目标。

对于儿童成长需要游戏这一观点，人们从不同角度提出了不同的理论解释：

第一种观点是本能论。德国诗人和剧作家席勒就认为："人类在生活中要受到精神与物质的双重束缚，在这些束缚中人就失去了理想和自由。于是人们利用剩余的精神创造了一个自由的世界，它就是游戏。这种创造活动，来源于人类的本能。"

第二种观点是剩余能量论。英国哲学家赫伯特·斯宾塞认为："人类在完成了维持和延续生命的主要任务之后，还有剩余的精力存在，这种剩余精力的发泄，就是游戏。游戏本身并没有功利目的，游戏过程的本身就是游戏的目的。"

第三种观点是练习论。德国生物学家谷鲁斯认为："游戏不是没有目的的活动，游戏并非与实际生活没有关联。游戏是将来面临生活的一种准备活动。"

第四种观点是宣泄论。弗洛伊德认为："游戏是被压制欲望的一种替代行为。"

事实上，上述观点彼此之间明显存在着矛盾，因为各家各派仅是从某个角度论述游戏对儿童成长发展的功能。从一般意义上说，儿童游戏的主要功能有以下几方面：

一是自我认知。形式化的学校发展起来后，不少人有一种错误的认识，那就是将学习与玩对立起来，特别是有些家长认为好孩子不应"玩"，而应认字、做算术题或者学琴学画，或者学些马上就能派上用场的内容。这种看法既功利，又违背了学习的内在规律。要知道，孩子的"玩"就是最有效的学习方式。孩子在玩的过程中，一方面能让自己的优势潜能得到充分发挥，另一方面可以意识到自己的弱势在哪里，从而对自己形成准确、客观、具体细微的认识。阶段性自我认知的形成是继续发展的前提，不断形成和改变的自我认知是孩子不断发展的阶梯。

二是强身健体。游戏需要通过躯体各部位各种各样的动作进行，在游戏中孩子身体的各个器官都处于激活状态。不同的游戏，活动量大小不同，活动的身体部位也不同，比如结构游戏锻炼孩子的手的动作，体育游戏锻炼孩子的走、跑、跳、钻等动作。游戏在发展孩子基本动作的同时，也促进孩子的血液循环和呼吸，增强其新陈代谢功能，锻炼其肌肉和骨骼，有效地促进孩子身体的发育成长。

三是益智练艺。在游戏活动中，孩子的感知觉、注意力、记忆、思维和想象都在积极活动着，不活动就不能获得发展，只有在活动中才能得到较好的锻炼。例如，结构游戏中孩子要思考构建何种结构物、如何构建等问题。游戏给孩子设立了许多不同的情境，带来了各种不同的问题，这使得他们开始思考——为了将游戏进行下去，孩子就必须活跃地思维，这就促进了他们智力的发展。在游戏中，孩子使用语言与其他成员进行交流，这也能促进孩子语言能力的发展。

四是陶情博趣。孩子在成长过程中会不断产生各种需要，如果这些需要不能得到及时有效的满足，就会引发新的情绪情感问题。而游戏正是解决这一矛盾的最好方式。游戏中，孩子可以扮演各种角色，通过进行各种活动来满足自己参加社会实践的强烈愿望。比如他们可以做爸爸妈妈，忙着烧饭、照顾娃娃，可以当医生给病人看病……这些在满足孩子的心理需要的同时，也陶冶着孩子的情趣。孩子对外界的所有存在几乎都感到好奇，只有游戏过后我们才能确定他们对什么是真的感兴趣——玩得越多，他们的兴趣也就可能越广泛。游戏中出现的一些美的表象使孩子获得美的感受，这将成为儿童美感和美的创造能力发展的基础。

五是养成规则。游戏需要有规则才能进行下去。在游戏中，孩子为了达到某种目的，就必须遵守一定的规则。有规则的游戏能养成孩子遵守规则的意识和习惯。这为他们日后理解"没有规矩，不成方圆"的道理奠定了基础。

六是内化品质。孩子在游戏中模仿成人劳动，这行为本身就能使他们获得劳动的体验；如果在游戏中"获得成功"，他们就能获得自我实现的体验；唯有在游戏中付出辛劳，他们才能对社会各种文化和劳动成果产生尊重和爱护的内心基础。同样，在游戏中遇到困难，有助于锻炼孩子的意志力和耐心，使他们学会克服一定的困难，增强自制力和勇敢、创造的精神。孩子们在游戏中发现的各种奇妙现象，将会成为他们好奇心发展的支撑。

总之，儿童时代正是孩子身体、心智发育的黄金时期，游戏对孩子身体、心理、智力、品质及情绪情感的发展都有着不可替代的作用。在信息大爆炸、科技迅猛发展的当今，儿童需要通过丰富充足的游戏为身体发育与心智发展打下坚实的基础。

二 亲子游戏的目标、价值定位及特点

亲子游戏的目标，就是在幼儿早期的家庭环境中使幼儿各方面的发展需要得到有效满足，不错过各种关键期，使幼儿身心得到及时、充分、有效的发展。

随着电子游戏的发展，游戏的内容已经五花八门，这些游戏对孩子都是有益的吗？回答是否定的。这里就需要父母在孩子即将降生之前，在脑子中有明确的意识：在大量的游戏中，每个孩子能够玩的游戏是有限的，因此就需要进行选择，就需要有明确的目标和价值定位，就需要趋利避害，尽可能使游戏对孩子的发展有更加积极的作用。那么，选择和确定这些游戏的依据是什么呢？是孩子成长和发展的内在需要。

儿童成长发展的需要有哪些呢？依据马斯洛的需要层次理论，人类的需要分为逐级递升的五个等级，这五个等级分别为：生理上的需要、安全上

的需要、情感和归属的需要、尊重的需要，以及自我实现的需要。马斯洛认为，当人的低层次需要被满足之后，他会转而寻求实现更高层次的需要。他将求知需要和审美需要置于尊重与自我实现需要之间。

亲子游戏显然与上述的各种需要直接相关，而且不只是满足孩子这些方面的需要，也在一定程度上满足父母或其他亲人相关方面的需要。于是就产生了这样一个问题：亲子游戏究竟应该是为了满足成人的需要而玩，还是为了满足儿童的需要而玩？这本身就是需要进行价值定位的重要方面。

回答这个问题，本质上其实是回答"谁是亲子游戏的主体"。无疑，既然是亲子游戏，那么孩子和成年亲人都是主体，是亲子共玩。只不过，成年人是为孩子的成长发展服务的，在一定程度上还要保护儿童的安全。

本着这样的定位，本书所确定的取向是：以满足孩子的需要为主，或者说优先满足孩子的需要，在此基础上可同时满足成年亲人的需要。这种定位既反对将亲子游戏纯粹当成孩子的游戏，100%为了满足孩子的需要，完全不顾成年亲人的需要；又反对成年亲人需要的过度扩张，将孩子作为满足成人需要的玩具。本书主张成年亲人的需要应服从并服务于儿童成长发展的需要，在此基础上成年亲人的相关需要也可以得到一定程度的满足。

就不同需要而言，亲子游戏的满足重点在不同游戏、不同时间段和不同情境下又是有差别的。具体到各个游戏中应该如何处理，请读者仔细阅读相关游戏的介绍并去体会掌握，以下仅就总体和一般意义上亲子游戏该如何满足各种需要进行定位分析。

首先，亲子游戏要把满足孩子自我表现、自我肯定的需要放在首位。亲子游戏对于儿童不仅仅是一般意义上的"好玩"或娱乐，更重要的是儿童在游戏中可以获得逐渐明晰的自我意识，增强影响与控制环境的能力，建立起对自己的信心。当儿童在游戏中由于自己的行动对物体或他人产生影响时，他会感到自己是有能力的人，会获得成功的喜悦，会体验到克服困难、达到目的的快乐。这样的目标或进步在具体游戏中往往是十分细微的，孩子在亲子游戏中表现了自己，尤其是在三四岁后他们的表现欲更加强烈，家长更应重视这方面的价值。成年亲人适时给予肯定和表扬，有利于增强孩子的自信，并激发他新的自我认知和自我表现的欲望。自我实现的需要得到满足的孩子，会变得自信、开朗又大方。

其次，要把满足孩子交往的需要、形成其良性的归属感放在重要位置。在很多情况下，成年亲人不跟孩子游戏就会产生疏离感，孩子会感到你和他不是"一伙的"。亲子游戏重要的一点，就是能拉近成人与孩子的心理距离，距离拉近以后不仅可以更好地了解孩子，还能让孩子更具有安全感。在幼年阶段，安全与归属感是密切相关的，有安全感的孩子才能更勇敢、更开放。

再次，要重视对儿童语言和表达需要的满足。孩子在游戏活动过程中必然会有想法，有想法就会想表达，而语言就是表达的工具。语言能力是儿童适应生活、适应未来发展的一种基本能力。游戏恰恰是培养语言表达能力的重要途径。游戏对于幼儿来说，是他们最早、最基本的交往活动。游戏过程本身就是幼儿交往的过程，幼儿在游戏中常常需要将自己看到的、听到的以及自己的主观愿望或要求转换成语言，或者根据别人的意思以言语做出反应。有研究者说，儿童有一百种语言，除了口头语言，还有手势、面部表情、体态等，游戏要尽可能发展儿童的多种语言，而非让它萎缩为仅有的一种语言。通过亲子游戏，成年亲人的语言和尚未完全掌握某种特定语言与思维方式的幼儿之间会遇到各种矛盾，这种矛盾既是挑战，又会使亲子不断获得语言交流上的满足。幼儿在游戏中通过语言表达得到满足，实现自己的愿望，从而达到情感、语言发展与交往上的平衡。幼儿独自游戏时，常常也会自言自语地用有声语言来表达自己的情感与愿望。

最后，适当注意儿童生理、安全、尊重的需要。早期的幼儿游戏需要借助于条件反射的方式进行，事实上这说明它一定程度上是在满足了生理需要的基础上进行的。而任何一种亲子游戏都必须以安全作为必要前提。1岁以内的孩子还难以体会到尊重，尊重的需要并不强烈；但随着孩子自我意识的增强，尊重的需要就会日益强烈，在亲子游戏中就需要逐渐增强尊重意识，以满足孩子对尊重的需要。

亲子游戏需要定位的另一个方面是它与同伴游戏、幼儿园游戏之间的关系。在孩子的不同年龄段这种定位是有差别的。家庭是孩子的第一所学校，父母和其他成年亲人是孩子的第一任教师，因此亲子游戏是孩子最原初的游戏，尤其是1岁以内的亲子游戏不可能在其他环境中进行，只能在家庭中进行；2～3岁的孩子则有可能与同伴游戏，当然家庭里的亲子游戏仍不可少；孩子在3～6岁时则有了幼儿园游戏，幼儿园游戏的内容和分量都会超过亲子游戏，但在闲暇时间里亲子游戏仍然是有必要的；进入小学和初中的孩子还应该有适当的亲子游戏，只是由于超出了本书的讨论范围，不在此赘述。

定位亲子游戏，还需要考虑的是各种游戏内容的比重。由于电脑和手机游戏具有比较方便的优点，不少人就以为直接给孩子玩手机就行了，这是一种片面的认识。大量的实例显示，不少家长看不出幼儿玩耍泥土的价值，不让孩子玩。其实正确的选择是：应适当地和孩子一起玩玩泥巴，因为这可以培养孩子对形塑的爱好，拓展他的想象，锻炼孩子动手操作的能力，使他发现想象与现实之间的差距，理解"想要不一定就必然能做到"。因此，要依据游戏的功能适当分配各种游戏的比例，既要玩一玩传统的徒手游戏（如老鹰捉小鸡、丢手绢、捉迷藏、揪尾巴等），增加亲子间的交流互动，发展多种才能的综合锻炼活动，愉悦亲子身心；又可适当玩一些网络游戏。需要注意的是，现如今传统游戏存在的空间受到挤压，家长往往忽略了传统儿童游戏对孩子健康的身心的培养。对孩子来说，最好的教育就是童真游戏，让孩子的天性得以释放。儿童时代的身心健康往往与长大成人后健康的身体、健全的人格联系在一起。家长应该多带孩子们到户外，让他们更多地参与那些充满童真的游戏，让他们的身心得到健康发展，让他们在游戏中度过快乐而美好的童年。

亲子游戏的主要特点有以下几方面：

一是非正规化。亲子游戏长期以来缺少内容和素材，缺少正规程序，缺少明晰的规则，也无固定的时间和场地，相关的理论研究也不够充分。

二是条件简单。一般家庭不可能有专用的游戏设备，所以大多数亲子游戏就是徒手游戏。若亲子游戏中需要一些玩具，可自制，也可适当购买一些。

三是亲情浓重。多数情况下游戏成员是一长一幼，或多长一幼、多长多幼、一长多幼，亲子关系决定了在玩的过程中情感因素必然起着很大作用——一方面是玩伴，另一方面又是亲子，两者是教育者与被教育者的关系、监护人与被监护人的关系。

四是连续性。同一个游戏，可以连续多次不断地玩，在不同的年龄段游戏的功能和玩的方式方法都可稍作变化，使难度逐渐增加，根据孩子发展的情况作适当调整。

五是广泛性。由于对条件、要求都很低，任何一位父母想和孩子玩都可以玩起来，这与家庭贫富贵贱的相关性不大。希望亲子游戏能越来越广，遍及千家万户。

六是阶段性。幼儿的身心发展具有阶段性，这使得不同年龄段的孩子所玩的游戏的功能、目标和特点都具有阶段性。例如，孩子一出生就会对妈妈的气味和面容特别敏感，就能够从各种情境中不断吸收、记忆所有听到的声音、看到的影像，以及触摸到的东西，渐渐地形成有意义的概念。1～2岁时，他们就能模仿妈妈的发音、姿态、手势和自然的动作语言，3岁之前是记忆力最好、模仿力最强的阶段。1.5～2岁的孩子喜欢与妈妈一起玩耍，用声音与表情交流，家长可借此培养孩子的思考力、想象力、创造力、倾听能力、乐器探索能力、情感表达能力和认知能力等。2～2.5岁的儿童喜欢角色扮演与幻想，他们会察言观色，对亲人的脾气了如指掌，家长可借此教给他们基本的社交技巧，培养他们的节奏认知能力、因果关系分析能力、抽象思维能力和歌唱能力等。2.5～3岁的儿童开始喜欢与同龄伙伴相处，特别是喜欢追着比自己稍大一点的伙伴玩，家长可借此培养他们的领导与追随意识，以及竞争与比较意识，培养孩子的文化理解能力、逻辑能力、对于新概念的接受能力、团队合作能力和演讲演示能力等。

七是互动性。整个游戏是互动探索的过程，因此成年亲人要在玩的过程中不断了解自己的孩子，在潜移默化中培养孩子，及时赞赏孩子每次取得的小成绩，从而树立其自信心；不断探索新的玩法，不断提高玩的技巧，不断增加亲子游戏对幼儿成长发展的效益。成年亲人应多创造亲子之间的互动机会。

依据以上定位和特点，对每位家长而言，最为关键的是要准确了解孩子在当时所处情景下的真实需要，成人们可灵活处理，自主选择亲子游戏的内容、方式和方法。

三　亲子游戏的技巧与注意事项

游戏是儿童重要的学习方式，是他们自发、自由和自主的活动，应该让儿童自己决定玩什么、怎么玩、和谁玩。游戏是儿童的基本权利，成人应当尊重和保护儿童游戏的权利，为儿童游戏创造良好的环境和条件，并且参与其中，给予适当的引导和指导。儿童在游戏中获得的经验影响着他们对周围世界的认识和态度，影响着他们个性的形成。儿童游戏绝不是微不足道的"儿戏"，认真对待儿童游戏就是认真对待儿童的学习和成长。

初生婴儿的各种动作都是相对粗放稚嫩的，而游戏的一个重要功能就是能使他们的动作逐渐精细准确，这方面的效果大小，在很大程度上取决于亲子游戏中成人的技巧。亲子游戏中的技巧与注意事项有较大的内在相关性，在这里一并讨论。

为增强讨论的针对性，我们不妨先看一看当下亲子游戏存在的问题：

首先，部分家长期望过高，以为今天的游戏明天就能有收效，他们不懂得很多游戏的效果其实是在孩子的终身发展中体现出来的，或者是在人生的关键时刻才能发挥出作用的。亲子游戏最重要的效果就是让孩子体验到亲人的关注和爱，这种效果对亲子双方都是极为珍贵的。

其次，多数家庭把亲子游戏看得过于简单，认为只需提供给孩子一些玩具、图书就可以了；多数家庭内没有属于孩子的游戏场地；有些家庭虽然有，成人也很少与孩子一起玩，家长因为没时间或不屑于参加的缘故，往往让孩子单独游戏，从没有或极少参与孩子的游戏。

另有一些父母也和孩子玩游戏，但每天都是重复几种简单的游戏（如经常进行"藏猫儿"游戏），不知亲子游戏的变化多种多样。他们缺乏系统的理论，缺乏对幼儿身心各方面成长发展的全面关照。

再次，有些家长仅认识游戏的娱乐性，忽视了教育性，使亲子游戏成了溺爱孩子的措施和表现。如有的家长对孩子言听计从，孩子要他当马骑时，他就乖乖地让孩子骑在自己背上，缺乏以身心健全为目标的游戏准则和内容安排。

最后，也是最为普遍的，家长缺乏进行游戏和选择玩具的系统知识。有的家长对于玩具选择的知识一无所知；有的玩具虽好，可是由于父母不了解自己孩子的发展情况，不能在合适的时候把合适的玩具交给合适的孩子，不能将他们与游戏很好地结合起来。如把八九岁孩子才能拼凑好的飞机模型送给3岁的孩子，他当然拼不起来，而在这样不恰当的时间提供游戏工具，很可能会导致孩子此后失去对拼图或与拼图相似游戏的新奇感和兴趣。

鉴于上述问题，本书将结合具体游戏适当介绍一些相关的游戏理论和知识。在此先就一般情况而言，亲子游戏需要特别注意的是：

第一，要有耐心，不急于求成。这样的心态是第一位的，就好比看到孩子走路跌跤了，并不必灰心，孩子玩任何游戏都不可能一下子就玩得很好，这不是取决于他的主观努力，而是在很大程度上取决于生理相关客观因素以及他当时的发展状态；其中一部分经过一段时间的发育，自然就很容易实现，做父母的需要从旁边玩边等。

在现实中，一些高学历的父母，尤其是那些从事教师职业的父母，对孩子更严格，要求更高，可以说他们是"紧张型"父母，孩子一玩什么不顺利他们就很着急。这些父母常用自己见过的最聪明的孩子与自己的孩子做比较，觉得自己孩子的表现总是不理想。因此，在亲子游戏中，家长应以相对宽松的心态来对待自己的孩子，学会更多的宽容和接纳，以鼓励赏识的态度来促进自己孩子的身心发展。

第二，要保持良好的亲子关系。玩亲子游戏的目的就是和宝宝建立起良好的亲子关系，让宝宝各方面的能力得到充分的发展。良好的亲子关系是促进幼儿心理健康的重要因素。不少独生子女往往娇惯任性，随心所欲，以自我为中心，这些常成为亲子游戏过程中的障碍。因此，在游戏过程中，父母要注意培养孩子懂得谦让，能宽容、谅解别人，主动关心、爱护他人。孩子有了这种意识后，不只家庭成员关系宽松和谐，也有益于他此后走向社会与人相处。在玩各种游戏时，提醒"孩子"要有礼貌，待人态度要好，要细心、耐心等，这有助于孩子在将来形成良好的人际关系。

损害良好亲子关系的另一个因素是父母过于要求孩子按成人的方式去玩游戏，而不是以平等、民主的方式对待孩子，不是与孩子商量、探讨着如何去玩游戏。家长最好和孩子平等地参与到游戏当中。做亲子游戏时，家长不能高高在上指手画脚，而应当是游戏的参与者，并且跟孩子处于平等的地位。不要急于把自己知道的结论告诉给孩子，而是应该在玩的过程中，当孩子有了一定的体验后，再循循诱导，让他在获得新知的同时，不断增强好奇心。

第三，注重自主的规则意识养成。亲子游戏与幼儿园游戏的一大区别在于，亲子游戏更难形成和遵守规则，孩子一耍赖，父母就没辙。而在幼儿园，由于教师和小朋友的监督，孩子更易于服从规则。对此，一些家长认为：原本就是玩的，何必那么认真？这样实际上就放弃了让儿童在关键期养成规则意识的机会；加之幼儿自制力差，意志行动尚未充分发展，这就为日后规则意识的发展埋下不良诱因。事实上，在孩子真正喜欢玩的游戏中，他们能够表现出较高水平的意志行动，乐于抑制自己的其他愿望，使自己的行动服从于游戏的规则要求。因此，家长要充分发挥这种可能性的作用，在游戏时要求孩子遵守规则，只有遵守了规则才能玩出高品位的游戏，才能使他在游戏中逐步体会到活动规则对活动本身的保障作用。在活动中，要让孩子学会克制自己的情绪，使他懂得遵守一定的规则才会得到快乐。为了提高儿童遵守规则的积极性，可以与孩子商量着定下规则，他们对自己制定的规则会更加乐于遵守。

第四，玩的时候成年亲人应尽可能全身心投入。如果不能全身心投入陪宝宝玩，可能会引发两个有害结果：一是养成幼儿做事三心二意、不能专注的坏习惯；二是让宝宝误解或难以充分感受到亲人对他的爱，难以给孩子带来充分愉悦的情绪，会给孩子留下父母对他不尽心、不到位的感觉。

亲子游戏中的成人既不能将全身心投入简单演变为全部代劳，又要做到全身心配合孩子玩，做好这点的关键在于深入细致地了解孩子，在此基础上家长自然而然地引导孩子智能的发展。设计游戏的时候，应让宝宝主动寻求家长的配合，这样家长就能顺理成章地引导孩子获得一些体验、知识和技巧。

第五，在游戏活动中确立以幼儿为主的思想，做到"导而不包"。游戏中尽可能更多地给孩子留出空间，给他们一个自我表现的机会，让他们的表现欲得到尽可能充分的展现，在游戏主题的选择和确立上则应充分调动孩子的主动性。

成人要避免仅从自己的概念、需要甚至是利益出发，把儿童当作娱乐、消费的对象。在儿童一岁后能够表达时，家长有什么事情应尽可能做到亲子协商。协商的过程就是幼儿主体性确立的过程。有时成人还可以带孩子到大自然、社会及各种活动场所实地观察，从而为设计和选择游戏主题作铺垫，让孩子切身体会到游戏中发挥主动性、创造性所能获得的成就感，同时也增加了玩游戏的乐趣。

第六，注意安全。幼儿各方面的能力都比较弱，对外界环境和危险感知不多，又天性好动，自控能力较差，所以在亲子游戏的过程中要特别注意安全，照看好宝宝，不要发生意外。

还要特别注意的是，游戏的内容得是积极健康向上的。在网络已普及的当下，网络游戏可以作为3岁以后亲子游戏的一个"选项"，但是必须谨记：连成人上网成瘾都有可能带来很多不良影响，儿童脆弱稚嫩的身心更容易受到其侵害。网络游戏一方面在一定程度上满足了孩子对电脑、互联网技术的好奇心，但若沉迷其中，往往会造成儿童性格内向、日常沟通能力缺失甚至自闭等问题，还会损害孩子的身体健康，比如造成驼背、颈椎病、近视等疾病，对孩子造成室外活动减少、记忆力减退等多方面不良影响。相对来说，由于小孩子本来自制能力和识别能力就比较弱，网络和智能手机上的小游戏多，好玩新奇的东西多，伤害要比普通手机更大。因此，建议6岁以下孩子一天玩手机或网络游戏的时间不超过半小时。

第七，亲子游戏的整个过程是给孩子和家长双方都带来乐趣的过程。也就是说，在亲子游戏中，成人和儿童都是游戏的主体，要让孩子在游戏中体会到创造和成功的快乐，而家长则从中能够体会到亲子交流的幸福。

如果家长完全把自己当成局外人，或以应付的态度陪孩子"玩玩而已"，或认为游戏太"小儿科"不值得玩，则亲子游戏缺乏可持续性，最终双方都不高兴。另外可能出现的错误是：仅仅游戏儿童，而非儿童游戏，即游戏完全由成人支配，而忽视儿童自主游戏的权利。那些难以在亲子游戏中找到乐趣的家长，更需要多关注孩子成长发展的细节——在孩子的成长中家长会发现很多奇妙的现象，从而寻找到自己的乐趣。或者通过亲子比赛的方式增加成人在亲子游戏中的乐趣。当然，只有那些特定的亲子游戏才适合于进行比赛，家长应学会更多的游戏，并使具有特定功能的亲子游戏同日常的育儿生活相互交融起来，这样就可以在丰富而快乐的育儿生活中，促进儿童潜能的不断发展和发挥。

第二章 0~1岁亲子游戏

0~1岁新生儿自主性较低，这阶段的游戏主要是了解新生儿各方面发育是否正常，为各种感官的发育与发展提供尽可能恰当和充分的条件与机会，促进新生儿身心健全发展，增强其体能以及与外界的交往能力，初步形成自我意识，丰富内心世界，为此后的发展奠定良好基础。这阶段婴儿的表征十分微妙，游戏时要特别细心。

游戏1： 望亮（无条件反射）

目的： 观察新生儿最初无条件反射的情况，提高新生儿对外界环境的反应能力。

时间： 出生后12~24小时。

方法步骤： （白天）放下窗帘（夜晚可利用电灯作光源），留条狭窄可透光的缝隙，把新生儿放在可直接望见光源的位置，他就自然地把眼睛转向光亮处。

上述游戏可在孩子出生后一周内反复进行。

分析说明：

新生儿将眼睛转向光亮处是一种无条件定向反射，具有典型的生物学意义。类似的无条件反射还有食物反射：寻找奶头、吮吸乳汁和吞咽等；防御反射，如呕吐、喷嚏、眨眼等，这些是每个正常发育的婴儿都会有的无条件反射。此外还有一些特殊的无明显生物学意义的无条件反射：触摸新生儿脚底，其脚趾即呈扇形展开；触及其掌心，手指即紧握，不足月的早产儿甚至可借紧握之力将身体悬空；失去支持

分析说明:

或受大声刺激时,便向后弓背、抬头并伸直双臂;当肚子向下被横着托起时,四肢即做类似游泳的运动;当托住两腋时,让其脚底接触平面,即会做出迈步的动作等。这些都是在人类进化过程中遗留下的,一般出生后4～6个月即消失,如果消失过迟,则往往是发育不良的表现。

游戏2: 辨声(最初条件反射)

目的: 观察新生儿最初的泛化性条件反射形成情况,促进婴儿心理活动的萌芽产生。

时间: 出生后2～3天。

方法步骤: 使用某一声源发声(如沙沙声、嗡嗡声、叮当声),然后在婴儿的右侧面喂奶,片刻即拔出奶头;再次使用同样声源发声,然后再在婴儿的右侧喂奶,片刻又拔出奶头。如此连续进行若干次,每次持续5～7分钟。当再使用同一声源发声时,婴儿便出现转头向右的动作,这就是新生儿最早的条件反射活动。

分析说明:

条件反射是以无条件反射为基础形成的更高级的反射形式,是无关刺激物通过暂时性神经联系引起的个体反应。婴儿条件反射的形成,即说明婴儿有了心理活动,一般出生后2～3天的婴儿的条件反射尚不稳定,需要多次强化刺激才能形成,因而此时的条件反射又称分化性条件反射。一般大约在11天后条件反射才能逐渐稳定。在保证婴儿正常进食和休息的前提下,有意识地进行一些早期条件反射训练,对婴儿此后的心理活动和智力发展都具有积极作用。

游戏3： 辨味（味觉出现）　◀◀◀

目的： 了解新生儿味觉出现情况，促进味觉分化。

时间： 出生后3~6天。

方法步骤： 用三根筷子头都分别蘸少许糖、盐、醋，先后相隔2分钟左右分别轻轻放进新生儿嘴中，观察其表情。如发现新生儿在舔食盐和醋时做怪脸或有意避开，而舔食糖时能发生吮吸的动作，由此即可断定新生儿已能分辨出不同味道的物品，即味觉已经出现。

分析说明：

新生儿的味觉出现得很早，尤其是对甜味食物，几乎一生下来就能发生反应，因此味觉与嗅觉是婴儿出现得最早的感觉。类似这样的游戏只需做一次，看到新生儿味觉已出现即可，不宜多次进行。当然新生儿的种种表现都是很微弱的，要细心观察才能看出其变化。

游戏4： 嗅香（嗅觉出现）　◀◀◀

目的： 了解新生儿嗅觉出现情况，促进新生儿嗅觉发育。

时间： 出生后6~10天。

方法步骤： 新生儿睡着时，取刺激性气味很强的香球（或臭豆腐若干块），放置新生儿面前，再用手在上方轻轻扇动，使较强烈的气味进到新生儿鼻孔。若能看到新生儿紧闭眼皮，抽扭歪脸，躁动不安，头臂抽动，甚至醒来，即说明其嗅觉已经出现，迅速将气味源挪开，他又会马上安静如意地睡着。

分析说明：

这一游戏说明新生儿出生6～10天即开始有嗅觉。嗅觉和前一游戏中的味觉一同构成保证新生儿正常进食的重要条件，而正常进食又是新生儿各方面正常发育的前提。此外，根据嗅觉出现后的特点，在儿童较烦躁时，给他闻点清香的味道（注意其安全性）会有助于他安静下来。

游戏5： 探奶

目的：观察新生儿对迷路刺激所产生的食物反射，培养其灵活反应能力。

时间：出生后9～11天。

方法步骤：在婴儿刚出生的几天里，一般母亲喂奶都有某一习惯性的位置和姿势。在给婴儿喂奶的时候，改变母亲与孩子身体的习惯位置，让母亲身体的某一其他部位与婴儿接触，此时婴儿可能会吮吸接触到的部位（表明婴儿还不能辨别出奶与非奶），也可能看到婴儿表现出寻找的动作和状态（表明婴儿能辨别出奶与非奶），有时甚至因寻找不到奶头而哭叫。此时母亲将奶头放置于习惯位置的附近，儿童可能会通过嗅觉而寻找到奶头。

分析说明：

也有人认为这一游戏是新生儿第一次表现出的条件反射，实际上它是一个由复杂的皮肤触觉、嗅觉和本体感受及迷路合为一体的复合刺激所引起的食物反射。也就是说，对皮肤刺激产生的触觉本是无条件刺激物，现在却与本体感受和迷路一起以条件刺激物的角色出现。但这里它们的作用仍是泛化的、不稳定的，直到婴儿出生后16～20天才发生分化。在母亲身体条件许可，不影响婴儿休息的情况下，适当地进行一些探奶游戏，可以增强婴儿的灵活性。

游戏6： 逗奶（无条件反射的精确性）

目的： 了解新生儿无条件反射的泛化和精确情况，培养婴儿的机敏性。

时间： 出生后10天左右。

方法步骤一： 母亲先用奶头刺激新生儿的嘴唇，由于无条件反射，新生儿会做出吮吸的动作。接着再用奶头刺激新生儿面颊，如果看到他还做出吮吸动作，即说明无条件反射还不精确，处在泛化阶段；若婴儿不做出吮吸动作，或是转过去衔住奶头，则说明无条件反射已经比较精确。

方法步骤二： 刺激新生儿左脚，可能出现两种情况：若他右脚和双手都随左脚一起收缩，说明他的无条件反射还处在泛化阶段，不够精确；若他仅仅缩回左脚，其他部位无明显的动作，则说明无条件反射已够精确；若他仅仅缩回双脚，双手无明显的异常动作，则说明无条件反射已达到一定精确程度。

分析说明：

做这一游戏时，有的新生儿可能有时表现为无条件反射的泛化，有时表现为无条件反射的精确，这是比较正常的，一般出生后不到10天的新生儿表现为泛化的次数比表现为精确的次数多，甚至没有精确的表现。10天以后，则精确的表现次数逐渐增多，若10天后尚无精确表现出现，则说明发育较正常情况稍迟，可过若干天再做这一游戏进行观察。

游戏7： 凝视

目的： 了解新生儿视力注意集中情况，并适当促其发展。

时间： 出生后10～12天。

方法步骤： 在夜晚或黑暗的房子里，将一不太强烈（以免刺伤眼睛，最好是点燃的蜡烛）的光源，移至新生儿2～3步远的地方，观察他的反应，看他是否会对光源进行短暂的注视。若能注视，则将光源逐渐远移，看移到多远他就不再注视。一般到4～5步时，即看到他眼光移动不定，这说明他已经看不到该光源。

分析说明：

> 游戏1所说的望亮只是新生儿眼睛朝着有光亮的方向看，能分辨明暗，并不能集中地去凝视光源。能集中地凝视光源不仅说明新生儿的视力有了发展，也说明儿童的注意力开始有了萌芽。在出生10～12天以后，婴儿将会越看越远，集中时间越来越长。平常有意识地在与婴儿的逗玩中进行一些凝视游戏和训练，将有利于新生儿心理的发展，特别是视力和注意力的发展。

游戏8：　听音（听觉出现）　◀◀◀

目的： 了解新生儿听觉出现的情况。

时间： 出生后7～30天。

方法步骤一： 在新生儿感到烦躁不安时，成人说些劝说的话语，或摇铃，或放一段悦耳的音乐，观察儿童对声源有无反应。如果有，比如婴儿停止哭叫安静下来，则说明听觉已出现；若没有，则说明听觉尚未出现。

方法步骤二： 在婴儿睡着时，突然有一强烈刺激的声音出现，如关门时"砰"的一声，观察婴儿是否会因此而醒来或整个身体突发震颤，若有类似反应，也能说明婴儿的听觉已出现。

一般父母在婴儿出生后便"宝宝！宝宝！"地叫开了，其实刚出生的婴儿并不能听到。研究表明，胎儿的内耳在妊娠中期就已完全发育，可对各种声音起反应，并能听到子宫外的音乐和猛烈的关门声。但婴儿出生后的听力表现得很不一致，除了各个儿童在听力发展上表现出巨大的差异外，还由于表明婴儿听觉的客观指标很难确定，所以要多通过游戏才能得出确切的情况。一般婴儿在出生后一周到一个月的时间里表现出听觉都属正常，若一个月后很长时间还未表现出听觉，则应去医院查明原因。

游戏9： 摇晃－眨眼（前庭感觉的条件反射形成）

目的： 了解婴儿前庭感觉的条件反射形成情况，培养婴儿形成条件反射的能力。

时间： 出生后10~26天。

方法步骤一： 首先将婴儿放在摇篮里，在节律性摇晃摇篮的同时，用嘴轻轻地向婴儿面部吹气，使他眨眼；停止摇晃时停止吹气。这样一天进行3~5次，2~3天后，若发现当你再把他放进摇篮里摇晃，虽未曾吹气，婴儿也会偶尔眨眼，即表明婴儿已开始形成条件反射，因为它是在吹气时眨眼这一防御性无条件反射的基础上形成的。这种条件反射全称防御性前庭感觉的条件反射。

方法步骤二： 与上述做法基本相同，不同的是在摇晃时，不对他面部吹气，而是将奶头或一颗糖果放在他嘴里让他吮吸，停止摇晃时拿走糖果或奶头，连续进行3天左右。再摇晃摇篮时，若发现虽未拿糖果或奶头来，他也会张着嘴或做吮吸动作，即说明已形成了条件反射。由于这一条件反射是在食物无条件反射的基础上形成的，所以称作食物性前庭感觉条件反射。

分析说明：

　　一般出生后10天的婴儿就可以建立起前庭感觉条件反射，但表现得极微弱，出生后20天出现的次数就很多，建立也很容易，两个月后就能完全巩固。婴儿的许多学习过程都是在无条件反射的基础上建立条件反射的过程，这一游戏及后面的条件反射游戏都是为了使家长促进婴儿迅速熟练地建立各种条件反射，这是婴儿最初始的学习活动。做这些游戏时，要根据每个婴儿各自的特点，不要过于着急，能做成就做，做不成就等一段时间再做。由于建立一次条件反射要经过多次长时间的强化刺激，婴儿的反应又较弱，做的时候要特别耐心和细心。

游戏10：　听音吃奶（听觉条件反射出现）

　　目的： 了解婴儿听觉条件反射的形成和巩固情况，提高婴儿听觉条件反射的水平。

　　时间： 出生后30天。

　　方法步骤： 使用某种发声器（如汽笛、乐音、口哨或呼唤等，选其中一种即可，最好单音节）发声，接着给儿童喂奶。这样持续数次后，在婴儿啼哭或烦躁不安的时候，再让发声器发出同样的声音。若婴儿停止哭叫和烦躁举动，表现出有力的吮吸动作，即表明听觉条件反射形成了；若没有上述表现，继续在喂奶前强化发声器的发声刺激，直至能建立起条件反射。

　　建立听觉条件反射后，间隔2～3天，再使该发声器发声，看婴儿是否还有对该声音产生条件反射的表现。如果有，即说明该条件反射已巩固；若无，则说明未能巩固。

分析说明:

　　婴儿听觉条件反射的形成与该婴儿听觉出现的早迟直接相关。不同婴儿听觉出现早迟的差别较大,因此不同婴儿听觉条件反射形成的早迟也有很大差别。一般来说该游戏在做得较早时,不仅建立得慢,而且不能巩固;若到出生后30天左右再做,很快就能建立条件反射,而且能巩固稳定下来。

游戏11: 伸腿—眨眼（本体感受的条件反射出现）

　　目的: 了解婴儿本体感受的条件反射形成情况,促进婴儿本体条件反射发展。

　　时间: 出生后15～28天。

　　方法步骤: 这一游戏要在游戏9的基础上进行,当婴儿形成防御性前庭感觉条件反射之后,进行会比较顺利。握住婴儿的左小腿,使其膝关节部位被动地伸缩,如此持续做若干次后,再向婴儿面部轻轻吹风,使其发生眨眼反应,反复进行几次。然后只让婴儿被动地伸缩膝关节部位,而不向其面部吹风,若仍能看到他在眨眼,即说明本体感受的条件反射已建立;若未见他眨眼,则可再进行若干次训练或过一两天再进行这样的训练,直到形成本体条件反射。

分析说明:

　　儿童肌肉、关节、韧带里的感受器称为本体感受器,作用于本体感受器里的条件刺激所产生的条件反射叫本体感受条件反射。这一游戏受外界因素的影响较大,如让儿童被动地伸缩四肢时,不可避免地要刺激皮肤,这就产生了形成的条件反射到底是触觉的还是本体感受的问题。因此在具体做这一游戏时,应尽量减少触觉的作用影响,同时要细心观

分析说明：

察比较，看清所形成的条件反射是属于触觉条件反射还是本体感觉条件反射。一般本体感受条件反射表现得比较微弱和稳定，而触觉条件反射表现得比较强烈和不稳定，这一点在出生后4～5个月时的表现得尤为明显。

游戏12：　见灯吃奶（视觉条件反射形成）　◀◀◀

目的： 了解儿童视觉条件反射形成情况，促进婴儿视觉条件反射发展。

时间： 出生后15～54天。

方法步骤： 在婴儿的居室里安装一个染成蓝色的灯泡，每次给婴儿喂奶之前，都关掉其他照明灯，打开染色灯泡的开关，白天可拉上窗帘后，再打开蓝色灯泡开关。这样连续进行几次后，再打开染色灯泡的开关而暂不喂奶，观察婴儿有何反应。如表现出停止全身运动和发声，望着母亲，做出吮吸动作，则表明他已看到染色光并形成了条件反射；若没有这些反应，可继续喂奶，下次再进行观察。

分析说明：

由于前面已讲的多个条件反射都是在食物性无条件反射的基础上建立的，在给婴儿做这些游戏时，应尽可能把它们分开，间隔一段时间进行，这样可避免前一游戏对后一游戏的影响。一般婴儿在出生后两个月眼球机能和它的神经机制就发展到了很高水平，到那时做这一游戏将会很快地形成视觉条件反射。人常说，眼睛是心灵的窗户，视觉条件反射的形成能促进视神经与中枢神经的联络，对儿童认知周围世界有极其重要的意义。

游戏13： 喝水－眨眼（味觉条件反射出现）

目的： 了解婴儿味觉条件反射形成情况，因而促进味觉分化。

时间： 出生后21～60天。

方法步骤： 准备一杯日常用的温开水作为味觉刺激物，当婴儿在喝水的时候，轻轻地往他脸上吹气，使婴儿产生无条件的防御性眨眼反射。连续多次后，再把水送到婴儿嘴边但不吹气，观察他是否也出现眨眼动作。若出现，则说明味觉条件反射已建立起来，若未出现，再按上述方法进行练习，再继续观察，直至看到条件反射建立。

分析说明：

由于新生儿对甜的东西比对苦的、酸的、咸的及白水更容易发生反应，这一游戏若用糖水来做，可能建立条件反射更容易，表现更明显，所以这一游戏也可用糖水作条件刺激物。但若用其他食物做游戏，由于各种食物本身都会引起婴儿相应的反应，使得味觉刺激物所引起的条件反射很难被观察到，游戏也就很难进行，所以能准确真实地反映儿童味觉条件反射的条件刺激物还是普通水比较合适。成人可视具体情况选择适当的条件刺激物。

游戏14： 搔痒－眯眼（皮肤触觉的条件反射出现）

目的： 了解婴儿皮肤触觉条件反射出现的情况，促进儿童触觉发展。

时间： 出生后21～60天。

方法步骤： 准备一个表面有突触的健身橡皮圈，也可用其他可产生搔痒或触刺效果的物件，用它刺激儿童的胸部、大腿、小腿或蹠部，同时向儿童面部轻轻吹风，使他产生无条件防御性眨眼动作。如此进行多次结合之后，再用橡皮圈刺激时，停止吹风，观察儿童是否还出现眨眼、眯眼或是一般运动停止等效果。若出现，则说明皮肤触觉条件反射已建立；若未出现，则继续条件刺激与无条件刺激结合作用，直到可观察到条件反射现象。

分析说明：

这一游戏也可在食物性无条件反射的基础上建立，不过它要比在防御性无条件反射基础上建立得稍迟一些。但它一旦形成，就会表现得比较明显，有此想法的父母可以比照前面所述的方法去想一想如何在食物无条件反射的基础上进行这一游戏。正常儿童从很小时就开始对皮肤触觉刺激建立人工条件反射，一般是在出生后第一个月末或第二个月初的时候就已然形成该反射。触觉条件反射形成后，孩子就能在一定程度上感觉到成人的爱抚，这对日后的情绪发展有一定的促进作用。

游戏15：嗅香吃奶（嗅觉条件反射出现）

目的：了解婴儿嗅觉条件反射的出现情况，促进婴儿嗅觉发展。

时间：出生后30～60天。

方法步骤：打开一瓶香水（或用香气较浓的香皂、香球），放到儿童的鼻孔前，用手轻轻扇动，让香气进入婴儿鼻腔，然后开始喂奶；再过一段时间，待室内香气完全散去，按照上述方法重复多次，然后观察婴儿在香气出现时是否有吮吸动作或寻找奶头的动作。若有，则说明其嗅觉条件反射已建立起来；若未见到这些动作，可继续重复上述做法，直到出现条件反射。

分析说明：

这一游戏应选择一种可以及时溢散又可很快消除的香气，每次条件刺激与无条件刺激的结合应间隔较长的一段时间。此外，婴儿流清鼻涕或鼻腔黏膜肿胀时，嗅觉敏锐度降低，当婴儿激动时，嗅觉阈也降低，这些情况出现时都不宜做上述游戏。

分析说明:

　　上述各种有关条件反射出现的游戏,所有正常婴儿几乎都可以在出生后30～40天之内顺利完成,而这些条件反射又几乎都可以且只能在防御性和食物性无条件反射的基础上形成。为避免前后两个游戏的相互影响,应使它们之间有一两天的间隔,并且把以食物性无条件反射为基础的游戏与以防御性无条件反射为基础的游戏分开来交叉进行为好。上述各种条件反射游戏,不仅对了解和锻炼婴儿各种分析器(如视觉分析器、触觉分析器、味觉分析器、嗅觉分析器和听觉分析器)有促进作用,而且对了解和锻炼与这些分析器相联系的神经系统有积极意义。同时,考虑到婴儿的生理和心理承受力,这些游戏应在平时逗玩时分散而又积极地进行为好,不宜过于集中,不必为游戏而游戏。

　　如果发现婴儿出生40天后视觉、听觉有异常,则应及时去医院检查。

游戏16: 追视烛光

目的: 了解婴儿视觉发展情况,训练婴儿视觉感受和灵活反应能力。

时间: 出生后35天左右。

方法步骤: 在光线较暗的房子里,点燃一根蜡烛,让婴儿眼睛注视烛光,然后以一定的速度移动烛光,注意观察婴儿视线是否能跟上烛光。若未跟上,则调整房内的黑暗程度和烛光的移动速度;若仍不能观察到婴儿眼光追视的表现,则隔日照上述方法继续训练,直至看到婴儿眼光随烛光移动。

分析说明:

　　游戏7中的凝视是让婴儿注视某一固定不动的目标(该游戏中蜡烛的远近移动是在一条视线上,视觉效果是不动的),而本游戏是让婴儿追视运动着的目标,由注视不动目标到追视移动目标,这是婴儿视觉由机体

分析说明：

的机能开始向智慧过渡的表现，因而这一游戏训练也是智慧开发的最初具体尝试。当这一游戏按上述步骤成功后，还可以改变移动目标，如用食物、玩具等作这一游戏工具；或改变移动方向、距离和运动形式，加入多个运动目标等进行游戏。一般到3个月时，婴儿的注视、移视和追视能力就能完善地发展起来。

游戏17：　寻找声源

目的： 了解婴儿对声源方位的判断力，并培养这种能力。

时间： 出生后40～70天。

方法步骤： 母亲（或经常与婴儿接触的人）在婴儿的背面呼唤他，观察婴儿的反应。若表现为安静下来，停止其他动作，并左右转头寻找声音方向，则表明他有了判断声音的方位感觉；若能一下转过来面向后，则表明已具有了准确判断声源方位的能力；若没有上述表现，则可在平时逗玩时有意地进行一些这方面的游戏，并在游戏中观察他的反应，培养这种反应能力。

分析说明：

这一玩法同样是表明婴儿智慧成长开始的游戏，游戏中的声源当然也可用儿童感兴趣的其他各种声源。有条件的家庭还可在这段时间里多放些优雅的音乐给婴儿听，放的时候音量要适中，尤其不可太大。

游戏18：　见母乐

目的： 了解婴儿最初情感的出现情况，丰富和培养婴儿情感。

时间： 出生后40天左右。

方法步骤：母亲离开婴儿较长一段时间后，在婴儿开始有烦躁不安的表现时，母亲突然出现在他的面前，观察其动作和发声的变化。若表现为注视母亲的脸，手脚快速舞动，甚至表现出微笑的样子，接连发出短促的音，则说明婴儿最初的情绪情感已经表现出来。若没有上述表现，再照上述方法进行一些训练和观察，直到看到此类表现为止。

分析说明：

儿童最初情绪情感的出现，也可以说是儿童最初社会关系的建立。在此之后，成人应多与儿童进行情感交流，培养正常的情绪情感，方式可多种多样，如逗弄他、和他"对话"，或给他抓痒等。

游戏19： 抬头

目的：了解婴儿头部及躯体动作发展情况，并锻炼其动作与平衡能力。

时间：出生后50天左右。

方法步骤：让婴儿俯卧在床上，成人在旁边用食物或其他能引起他兴趣的玩具逗惹吸引他，观察其头部及整个躯体动作的情况。一般50天左右的婴儿可将头抬起来。

分析说明：

动作发展是婴儿发展的一个重要方面，体能大小和灵活性高低是衡量动作发展水平高低的两个重要指标。个体动作发展的顺序是从头到脚、从中心到外围、从大肌肉到小肌肉。头部的动作是婴儿最早的有组织的动作，然后才依次发展到手、躯干，最后是腿和脚的动作发展。这一实验可经常进行，以锻炼婴儿的活动能力与平衡能力。

游戏20： 简单发音

目的： 了解婴儿发音情况，锻炼婴儿发音能力。

时间： 出生后50～70天。

方法步骤： 注意观察婴儿在哭叫停止时紧跟着拖什么音，最常见的是发ei、ou、m—ma等音。成人跟在婴儿之后，补发一个婴儿所发的音；若婴儿跟在成人后又发出这样的音，成人继续跟着补一声，连续几次，不久婴儿就能在一般情况下发出这个音。待以后婴儿发出新的音时，用同样的方法对他进行巩固锻炼。

分析说明：

发音是婴儿发展的重要前提，它与神经系统甚至脑的发展都有关联，因此了解并锻炼婴儿的发音是非常重要的，成人要及时捕捉婴儿发音情况的新变化，跟着婴儿发音，通过采取"跟补"的方法教婴儿练习发音。

婴儿出生后第二个月中，新增游戏不多，但由于婴儿的各种条件反射游戏要在第二个月才能完整建立，成人可在第二个月中继续做那些尚不能完成的条件反射游戏。第三个月初婴儿可能发的音有：a、ai、e、ei、hai、ou、ai—i、hai—i、u—e和m—ma，可根据自己孩子的实际情况通过游戏练习。

游戏21： 抓摸

目的： 了解婴儿手的动作情况，锻炼其手的动作能力。

时间： 婴儿出生后2～3个月。

方法步骤： 观察婴儿手的动作情况，并注意五个手指的位置关系。在婴儿出生后一两个月月底时，婴儿一般是会握紧拳头，手指只在偶尔情况下伸展开来，手只能随手臂一起乱伸乱动，做一些散漫杂乱的动作。三个月后，便能伸开手指，抚摸动作增多，此时要及时准备一些可供儿童抚摸的物件，最好找一些手感强烈的东西让他抚摸。同时，成人应多吻他的手心或用手指轻轻摩挲婴儿的手心和五指，还可以经常放一些比较安全的玩具在他的手边，并鼓励婴儿去抓摸各种物体。

分析说明：

人的手是认识事物的重要器官，也是使用和制造工具的器官，手的灵活性发展与脑的灵活性发展是相互促进的，也就如教育家陶行知所说：手脑相长。因此成人应注意及早锻炼婴儿手的动作，不要因为他喜欢到处乱伸乱抓就把他的"袖子"做得长长的，把他的手"裹"起来，而应给他的手以自由，解放他的手。这些在成人看起来是胡乱的动作，却恰恰是婴儿发展的需求，父母应创造条件让他触摸各种不同手感的物体，以促进其手、脑的发展。

游戏22： 找原物（记忆出现）

目的： 了解婴儿记忆出现的情况，培养其记忆能力。

时间： 出生后2～3个月。

方法步骤： 将一支蜡烛（或活动玩具）放在儿童面前，引起儿童的注视后，乘其注意转向其他对象的瞬间，迅速把原先被注视的物体移走，观察婴儿有何反应。若婴儿能表现出用眼睛去寻找的神色，或出现寻找的其他任何举动，则表明记忆开始出现；若没有什么反应，则说明记忆尚未形成，可日后再寻找机会做此游戏。

分析说明：

　　一般来说，条件反射的出现即标志着婴儿有了记忆，但这时期的记忆往往具有随意性，婴儿出生后2～3个月时，单独记忆开始表现出来，但记忆的时长还在1秒钟以内，所以做这一游戏时要十分细心地进行观察，分析婴儿每一举动和眼神可能包含的内在含义，得到正确的结论。但婴儿可以再认的时间稍早，如出生后1个月的婴儿就能把熟人与生人区分开，"认生""怕生"现象即说明他已能再认，已能初步记忆。

游戏23：　见母思乳（定向条件反射出现）

　　目的： 了解婴儿无意注意的出现情况，并了解在此基础上建立条件反射的情况，培养婴儿的无意注意和定向条件反射的建立能力。

　　时间： 出生后3个月。

　　方法步骤： 母乳喂养的婴儿，当他因为饥饿而哭叫时，母亲突然出现，观察他有什么反应。如果他能停止哭叫，向母亲表现出需求的动作、态势或发音，则说明无意注意已出现，也说明在无意注意基础上建立起的定向条件反射已能建立；若无上述表现，则说明无意注意尚未出现，定向条件反射尚未形成。

　　不是母乳喂养的婴儿，可用奶瓶做这一游戏，其效果会更为明显。因为婴儿对人脸有一种先天的图形偏爱，这种偏爱会在其中起干扰作用；而用奶瓶做这一游戏就无此干扰了。

分析说明：

　　注意是对某一事物或对象的定向反射，人类的一切认知活动都必须有注意参与，所以了解婴儿这方面的发展情况有很重要的意义。一般婴儿的无意注意在出生后3个月开始出现，到出生后5～6个月才能稳定几秒钟。在这段时间内，成人可有意识地经常运用上述游戏对婴儿的无意注意进行一些锻炼培养。可使用声、形、活动等儿童感兴趣的对象做这一游戏。

游戏24： 辨甜淡（味觉区分）

目的： 了解婴儿味觉发展情况，具体了解婴儿味觉区分能力发展情况，培养其味觉区分能力。

时间： 出生后3个月。

方法步骤： 成人准备两杯浓度分别为2%和1%的糖水，先将1%的那杯给婴儿喝，观察他喝时的各种动作姿态以及每口喝入量的多少；然后把2%的那杯给他喝，并观察他喝时的各种动作姿态及每口喝入量的多少；再把1%的那杯给他喝，并观察他喝时的各种动作姿态及每口喝入量的多少；接着把2%的那杯给他喝，并做同上述一样的观察。若发现婴儿喝了浓度为2%的糖水后再喝1%的糖水时，有一种不舒服、不愉悦的动作或神态，同时每口喝入的量减少，而再喝2%的糖水时喝入量相对又有所增加，即说明婴儿已能正确区分浓度为2%的糖水与浓度为1%的糖水的甜淡差别了。

分析说明：

从味觉出现到味觉区分能力的发展，是婴儿味觉发展进入新阶段的标志。由于婴儿喝水总量有限，这一游戏每次只能让他喝2～3口即换另一种，否则游戏进行到后面他可能一口也不喝了。喝水用的杯子最好有刻度，以便估量。实验表明，3个月的婴儿还能区分0.4%的0.2%的盐水，所以本游戏也可以用盐水做实验，只是表现不是很明显。可以说从这个时候起，儿童就开始出现"挑食"情况了，成人在保证喂足够母乳的同时，可适当少量喂些其他食物，这对促进味觉区分能力的发展及儿童身体的健康发育都是有利的。

游戏25：　辨颜色

目的： 了解儿童色觉区分出现的情况，增强儿童颜色区分的能力。

时间： 出生后3～4个月。

方法步骤： 准备三个形状完全相同的瓶子：一个红色，一个绿色，一个白色（当然还可以加其他颜色的）。将红色瓶中装进糖水（或奶，或麦乳精溶液），其他瓶中装进白开水或不装，然后插上橡皮奶头让他分别吮吸每一个瓶，这样连续几次后将三个奶瓶同时摆出，观察儿童的反应。如果他只对红色瓶发生反应，而对其他颜色瓶不发生反应，即说明他已能区分不同颜色；如果他对三只瓶都发生反应，则再照上述方法进行几次，直到他能区分不同颜色的瓶子。

分析说明：

　　能区别不同颜色的瓶子，说明婴儿的视感受器和视神经有了新的发展，同时也相应地说明脑功能有了某种发展。实验表明，婴儿最早能辨认出红色，接着是绿色及其他颜色。本游戏使用红色瓶子装奶，就是考虑到这一点，如果用其他颜色的瓶子装奶，可能成功的时间要稍迟一点。此外有一细节要注意：本游戏中，一定要注意观察婴儿在嘴唇未接触奶头前是否有吮吸或其他倾向性的反应。若他吮吸奶头后，发现奶头里是白水或是空的，便停止吮吸或有其他倾向性反应，则不能视为他能区分颜色。

游戏26：　翻身

目的： 了解并锻炼婴儿躯体动作能力。

时间： 出生后3～4个月。

方法步骤：让婴儿仰卧在床上，然后在他的上方摆弄一块食物或玩具招惹他。一般情况，他会用力翻身向上爬，把双脚和双手竖立起来，头和背部离开床面，或在床上打滚。这样练习一段时间后，到第四个月，只需成人在他身后稍稍用力，他就能在床上坐起来。

分析说明：

这一游戏是对婴儿进行身体锻炼的方式之一。当然，成人还可根据这一段时间的具体情况进行一些其他方式的婴儿身体锻炼活动。成人应利用婴儿这一段时间好动的特点，尽可能地让他多运动，以增强其体质，加快发育，健康成长。

游戏27： 辨声音

目的：了解婴儿听力发展情况，具体了解和锻炼儿童听觉分辨能力。

时间：出生后4个月。

方法步骤：儿童独自玩耍一段时间后，让两个不同的声音先后（前后稍错开一点以便婴儿能听清）发声，呼唤他的乳名若干次。一个是他很熟悉的（如母亲），一个是他不熟悉的，观察他的反应。如果发现他对熟悉的声音发生反应，而对不熟悉的声音不发生反应或反应较弱，则说明他已具有声音分辨能力。若无分辨的表现，则可以在日后再进行上述游戏。

分析说明：

儿童能分辨出不同成人的声音，这是儿童听力的新发展，说明听觉能对不同声音进行分辨。为了锻炼这方面的能力，成人还可以经常在儿童精力旺盛的时候放些动听的音乐，让他多与父母之外的成人"对话"，增强他对各种声音的适应能力。

游戏28：　测试摆弄欲

目的：了解婴儿注意、情感和手的动作发展情况，并培养其注意力，陶冶情感，发展手的动作。

时间：出生后4～5个月。

方法步骤：在婴儿面前任意放一些可供其玩耍的物品，其尺寸要稍大，以免婴儿吞食，观察婴儿的反应。一般他会先认真地看，然后伸手去抓，此时注意观察他伸手抓时手的动作。

在婴儿可以进行上述抓摸之后，再在他的面前不放任何可玩耍的东西，观察他的情绪反应。如果没有任何异常反应，则表明其摆弄欲尚未形成；若婴儿表现得比平常烦躁不安，哭闹，手在空中不停地挥舞，试图抓住其他物件时，则说明摆弄欲已经形成。

分析说明：

与前面所做的单一目标游戏的玩法不同，婴儿摆弄欲的出现，标志着婴儿在多项发展指标上的发展。首先是注意的发展，他能集中注意去玩某一件东西、做某一件事；其次是手随意抓握动作的出现，这标志着手开始受脑的指挥，是手动作的一个重大发展，由于此时婴儿空间辨别能力还较差，手只能伸向玩弄物体的方向，不一定能抓得准、抓得稳；再就是儿童情绪情感上的发展，他已不满足于当初那种喝饱奶、睡好觉就平安无事的需求了，产生了摆弄物品的欲望。这种欲望是他进一步发展探索外部世界求知欲的基础。为了让婴儿在这些方面受到锻炼，获得正常发展，成人应经常进行这方面的游戏，以保证婴儿有可玩的物品，并要常常调换他所玩的玩具或物件。

游戏29：　见人发音

目的：了解婴儿的发音情况，锻炼其发音能力。

时间： 出生后4～8个月。

方法步骤： 在婴儿吃好奶、睡足、情绪好时，听他会暗自发些什么音，然后成人去逗他玩，并找些使他满意的玩具，留心谛听他玩得最高兴时又会发出什么音。成人重复发出他暗自发音时的音节和他最高兴时所发的音节，待婴儿跟着发音后，不妨满足一下他玩的欲望，或使他高兴一次，或给他一点吃的。这样连续进行若干次，很快地他就能学会这个发音，并能继续学习更多的发音。

当婴儿能发出一些近似词的音，如ba—ba（爸爸）、ge—ge（哥哥）、ma—ma（妈妈）等音节时，即让相应的人出现，并给他以兴奋激励，这样次数多了，他就会把这些音节与这些人联系起来，赋予这些音以具体的含义。

分析说明：

这段时间婴儿发音增加很多，如声母增加了b、d、g、p、n和f等，韵母则增加了ong和eng等，重复发复杂的连续音节是这段时间发音的新特点。当发现某一音节与某一事物或人相一致时，成人在强化这一发音的同时，还应及时地让音节所对应的事物和人同时出现，建立起条件联系，为以后正式说出词和理解词做准备。婴儿发音在某种程度上还意味着他和成人的欢乐交往，因此成人应经常地逗他玩，注意使婴儿保持良好的情绪，以促进他发音的发展。

游戏30： 摇铃听响（有目的的动作形成）

目的： 了解婴儿有目的的动作形成情况，培养他有目的的动作能力。

时间： 出生后4～9个月。

方法步骤： 在婴儿的周围挂放一些一经摇动即可以发出悦耳声响的玩具，比如小摇铃等，当他的手或其他部位无意中碰到这些玩具发出响声时，观察他的反应。如果发现他重复前面的动作，使玩具再次发出响声，则说明他的后一重复动作是有目的的，也就是说他有目的的动作开始出现。若没有这一表现，则说明他尚不能进行有目的的动作，成人不妨再创造条件继续观察。

分析说明：

这一游戏要选择婴儿情绪较好时做，效果才会较明显。这一游戏说明主体（婴儿）和客体（玩具）之间有一定的目的联系，但这仍是过渡时期，是偶然发现引起的需要，而不是需要引导婴儿去发现——在初期时，手段和目的间还未完成分化。这一游戏可调换玩具或用各种不同的形式进行，也可以用食物或奶瓶进行。比如在奶瓶上装一个可以上下移动的开关，需要人用手把开关按下才能喝到奶。若婴儿偶然把它按了下去并喝到了奶，那么看他会不会第二次来按这个开关。当然，这样做，其难度要比前面的游戏大，可以在前一游戏完成之后再进行。

游戏31：独坐

目的：了解婴儿躯干动作的发展情况，锻炼躯干活动能力和平衡能力。

时间：出生后5～6个月。

方法步骤：在进行过游戏26的多次练习后，可根据婴儿躯干活动能力的具体情况，将他以坐的姿势放在床上，看他能否支撑得住。如能坐稳，就让他稍坐片刻。待婴儿能完全坐稳，再把他卧放在床上，取来一吸引他的玩具或食物，放在婴儿的上方逗弄他，看他能否双手支撑着坐起来。

分析说明：

　　这一游戏可每天做两三次，以锻炼婴儿躯干的活动能力。刚开始时，坐的时间不宜过长，以他能轻松支撑的时间为限。有条件的家庭（如室内有地毯），在这段时间可把婴儿放在宽敞的地面上，任其卧、坐、爬等自由活动，这样对锻炼他的躯体动作和体力都有利，还能预防孩子此后发展中出现多动症等不良倾向。但在游戏过程中，要尽可能考虑到各种对婴儿可能造成危险的因素，及早消除隐患。经过一段时间之后就会发现，婴儿在醒着时喜坐而不喜卧，因为坐的时候视野比卧的时候更开阔。

游戏32： 五指协调

目的： 了解婴儿五指动作的协调性，并锻炼五指协调能力。

时间： 出生后5~6个月。

方法步骤： 取一大小与婴儿的手相适合的玩具，放在婴儿面前，摆弄欲使他会很自然地用手去抓玩具。观察婴儿抓取时，大拇指与其他四指在使用上有什么差别。若儿童还是五指不分地去一把抓取，则说明五指尚未分化；若是他将大拇指与其余四指相对起来抓取，则说明五指已开始分化。

分析说明：

　　五指分化是手的动作真正向人类手的动作发展的第一步，因为这样手才能灵活地根据对象特点发出动作，才会使用和创造工具，才能随心所欲地拿到较为细小的东西。五指分化的快慢与婴儿是否有实物可抓弄和是否经常连续抓握直接相关。婴儿五指分化后也应经常放一些东西在他面前，让他去抓，以锻炼其手的灵活性。但由于这一时期婴儿的典型动作是抓住了东西就放到嘴里，或抓起来又放下扔掉、抓在手里敲打等，因此应注意给他的东西：尺寸要比婴儿嘴稍大，同时又不能大得抓不起来；要比较坚硬、不易碎，切不可将硬币之类的东西给他玩，以免婴儿吞食造成危险，易破碎的物品则可能会割伤皮肤。

游戏33：　眼手动作协调

目的： 了解婴儿眼和手的动作协调性及空间判别力，并锻炼这些能力。

时间： 出生后5～6个月。

方法步骤： 让婴儿坐着，然后准备几个可滚动的玩具块，任意地逐一丢到婴儿的面前。当婴儿看到丢放的玩具块时，就会伸手去抓，这时成人注意观察他抓住玩具块的成功率。一般5～6个月大的婴儿成功率可达20％；8个月大的婴儿则能达到100％。

待婴儿抓住的成功率变大时，仍按上述方法丢玩具块。成人在丢下的同时，又假装伸手去与婴儿抢，注意观察婴儿反应的速度和准确性。

分析说明：

由于坐的姿势的发展，使婴儿的视线容易和手接触，手和眼的动作开始协调起来，同时婴儿的空间判断力增强，距离知觉更精确，这些就表现在婴儿在这一游戏中抓住物体的成功率不断提高、反应速度不断加快。成人在有空闲时可经常进行这一游戏，不仅对锻炼婴儿空间判别力和手的动作发展有帮助，而且能锻炼婴儿的大脑，乃至对婴儿的整个身心健康都有益处。

游戏34：　挑颜色

目的： 了解婴儿对颜色的兴趣，提高婴儿兴趣发展水平。

时间： 出生后6个月。

方法步骤： 让婴儿坐好，选出红色、黄色、绿色、蓝色、紫色和白色的模样相同的玩具或糖块，任意地摆放在他面前，仔细观察他抓取哪一种或哪几种颜色。待他抓取之后，再将它们全部收回打乱，再任意地放在婴儿面前。这样经过几次后，如果发现他每次抓的都几乎是某几种颜色，说明他对某些颜色感兴趣，而对另一些颜色不感兴趣；若他在抓取对象的过程中没有颜色倾向性，则说明其颜色兴趣尚未形成。

分析说明：

　　随着知觉的发展，婴儿的兴趣开始出现。颜色兴趣出现得较早，游戏25说明婴儿出生后3~4个月就能区分颜色，这一游戏说明婴儿对颜色的反应不再停留在单纯的感知阶段，并且兴趣、情感开始参与反应。当然，婴儿对哪种颜色感兴趣本身并无优劣之分，成人完全没必要培养他喜好某种颜色、不喜好某种颜色，最重要的是他的兴趣开始出现了，同时也说明他的颜色知觉有了新的发展。

游戏35： 拇指操 ◀◀◀

　　目的： 了解婴儿手的协调状况，促进婴儿手指协调能力的发展。

　　时间： 出生后6个月以上。

　　方法步骤： 成人用食指搔婴儿的虎口部位，说"开"的时候让他把拇指与其他四指分开，说"关"的时候让他把拇指与其他四指握成一个拳头，并把成人的食指抓握在拳头中。交替着用左右手玩这一游戏，边说边玩。

　　上述玩法熟练之后，可和婴儿玩其他手指的开合游戏，边说边做："大门开，大门关；二门开，二门关；三门开，三门关；四门开，四门关……"

分析说明：

　　手指游戏是6个月以上的婴儿都可以玩的游戏，玩法很多，这里介绍的是最简单的。本游戏主要是练习婴儿手指的动作协调性：刚开始时先做拇指与其他四指的开合；待拇指开合熟练后，再做难度比较大的其他手指的开合。成人食指的作用既是发挥婴儿与成人的互动性、竞争性，又是对婴儿指间触觉的按摩，以促进其发育。随着婴儿手指灵敏度的增加，可适度加快成人食指摩搔和抽出的速度，以适应并促进婴儿手指灵敏度的增加。

游戏36： 摩耳朵 ◀◀◀

目的： 促进婴儿听觉器官感觉的发展，促进婴儿体内循环发展。

时间： 出生后6个月以上。

方法步骤： 摩耳朵的方式有以下几种：一是伸开两手掌，用掌心轻轻捂住孩子两耳，接着放开，放开再捂住，让孩子感受耳边声音的传入和气流的变化。二是用食指和拇指轻轻揉捏孩子的耳朵，从耳垂沿耳朵边缘向上逐渐移动，慢慢捏遍整个耳朵。三是用手掌直接前后搓揉耳朵，包括搓耳背。四是用手掌上下摩擦孩子的耳朵。

分析说明：

耳朵是人体穴位密布的区域，适当按摩婴儿耳朵可发展其听觉器官的感知力，同时促进相应穴位所对应的体内器官的循环发展。成人在按摩的时候，可先查阅耳朵穴位分布图，使按摩本身有一定的目的性。按摩一般选择在婴儿清醒的时候，在按摩耳朵前可先捏捏婴儿的小胳膊、小腿和肩部，使这些部位的循环通畅起来；按摩耳朵后也要做同样的放松。按摩时用力均匀，下手不宜过猛，防止指甲划破婴儿皮肤。

游戏37： 掀手帕找玩具（目的手段分化） ◀◀◀

目的： 了解婴儿的动作目的和手段分化的情况。

时间： 出生后7个月。

方法步骤： 取一婴儿感兴趣的玩具放在他的面前，当他用手抓玩具时，成人先把玩具抢到手里，然后再放回原处，用一手帕把玩具盖起来。这一过程的每个动作都应让婴儿看到，观察他有什么反应。若他看到玩具被盖后便不知所措，则说明目的和手段还未分化；若他掀开手帕来找玩具，则说明动作的目的和手段已经分化；若他看到玩具在手帕下面鼓起的位置便直接用手去抓鼓起部分，不能据此认为目的与手段已经分化。

分析说明：

在这一游戏中，寻找玩具是目的，掀开手帕是手段，这两个单独的动作是婴儿在以前就学会了的，但目的和手段的协调却是新出现的，在新的情境下需要有一些创造，因而可以说这是一种智力的活动与动作的结合。成人从这时起还可以与他做一些捉迷藏之类的游戏。事实上，成人在抢走玩具时，婴儿可能会哭叫，哭叫也可被视作婴儿为了达到获得玩具这一目的而使用的手段，但由于婴儿经常以哭为手段来达到某种目的，这已成了他的习惯性行为，以此判定手段与目的的分化从科学的角度看是依据不足的。

游戏38： 单音对话

目的：了解婴儿最初对词的反应情况，并促进他发展这种反应能力。

时间：出生后7～8个月。

方法步骤：选择一个婴儿最常发的音，而且是成人跟他常说的音，比如他常说"ba—ba"，母亲在一旁问他："爸爸（ba—ba）呢？"若他能把脸转向爸爸，或做出寻找的动作，即说明他听懂了这个词。以后可常进行这种游戏，将试探与训练结合起来。对于婴儿已听懂了的词，也需要经常强化巩固，同时可调换词汇进行训练。

分析说明：

婴儿能听懂成人说话，说明他能在声音和具体事物即对象之间建立暂时神经联系，为以后第二信号系统的建立准备了条件。因此，

分析说明：

这段时间内成人应经常与他"对话"、逗弄他玩，使他对词的反应能力得到发展。逗玩时要注意，语调的作用很大，实验表明，儿童最先听懂的是语调而不是词汇，同时要选他常发的音所对应的词。当一个词尚未被理解时，不要急于添加新词。这段时期可用来锻炼婴儿的词有：爸爸、妈妈、奶奶和再见等。

游戏39： 双手玩耍（关联动作）

目的：了解婴儿双手协调动作及双眼协调动作的发展情况，并锻炼他的协调能力和灵活性。

时间：出生后7～10个月。

方法步骤：准备几个小玩具块，一个纸盒（较大的一面敞开），一根木棒，一个中间有孔的轮子。

先出示一个玩具块，婴儿自然会伸手要这个玩具块；之后，再出示另一玩具块逗他，一般情况下他会放下手中的那个来要第二个；这时成人就假装把他放下的那个收起来，第二个也不要给他；待他有不满的表现时，再同时把两个玩具块分别放在他的两只手上，若他只能注意去抓一个，则说明他还不能同时使用两只手；若他同时抓住了，则仔细观察他的下一步动作。下一步动作有两种可能：要么把一个丢下，集中注意去玩另一个；要么将两只手上的玩具相互敲打，或把它们并到其中的一只手中去，这说明他的双手已能初步协调。

在婴儿能熟练完成上述动作之后，再让他一手拿着盒子，一手拿一玩具块，看他是否会把玩具块装到纸盒里去。然后让他一手拿木棒，一手拿轮子，看他是否会把木棒插到轮子的孔中。若能完成这两个动作，则说明他双手的协调性及手脑的协调性已较高。

这一时期是婴儿双手、眼和脑可以联合起来进行动作的时期，称作"关联动作分阶段"。这一时期成人应根据上述基本游戏，多变换形式让婴儿玩，以锻炼其双手、眼和脑的协调能力，为今后智力开发和动手能力的发展准备良好的基础。后两个动作对婴儿的手、眼和脑的协调能力要求较高，一般不可能与第一个动作同时完成（要迟数十天左右），所以这一游戏在前后两种动作之间需要进行多次游戏练习。成人只要将这两种玩具交给婴儿，让他任意玩，时间一长，他就会做出装盒或穿孔的动作。

游戏40： 辨别声调

目的： 了解婴儿对声音语调反应的发展情况，增强其辨别声调的能力。

时间： 出生后8～9个月。

方法步骤： 在和婴儿逗玩时，先以严厉的声调跟他说话，观察他在动作和表情上的表现，如无异常，则说明他还不能区分不同的声调；若表现出动作减少、兴奋减弱等反应，则表明他已能知道这种声调的含义。然后在他情绪低落的时候，又以和蔼逗玩的语调跟他说话，观察他的反应，并与前面以严厉语调跟他说话时的表情动作作对比。看他是否能区分出这两种不同的声调。

分析说明：

游戏38的分析说明中已经提到，婴儿对成人说话的理解，并不是先理解词语或语言，而是先理解语调，而理解语调是理解语言的基础，他对词和语音的分化要到一岁以后。因此成人要结合实际情况对婴儿多进行语调方面的理解力训练，至少应让他分清什么是严厉、什么是和蔼，什么是赞成，什么是反对。

游戏41：　找熟人（依恋情绪出现）

目的： 了解婴儿情绪、情感的记忆发展情况，丰富婴儿的情绪、情感。

时间： 出生后8~10个月。

方法步骤： 经常照料婴儿的成人在与他玩耍一段时间后，趁他不注意时离开，让婴儿独自一个人留在房子里一会儿，观察他的表现。若他一发现周围无人便立即哭叫起来，或有要去寻找母亲或熟人的近乎疯狂的表现，则说明依恋情绪已产生；若无明显的这类反应，则说明依恋情绪尚未出现。

分析说明：

依恋情绪的出现是婴儿最早出现的焦虑情绪。为促使婴儿正常情绪的发展，成人应尽可能地多与婴儿交往，除了满足他的生理需要外，还要提供必要的玩具，建立正常的生活制度，不要等婴儿哭了再去满足他，只有这样才能提高婴儿情绪的积极性，减少消极情绪滋长的可能性。就拿依恋情绪来说，被照料得好的婴儿，这种情绪就产生得早，否则就产生得迟。一旦婴儿产生了依恋情绪，就应注意尽可能尊重他的需要、满足他的需要，尽可能亲自照看或安排熟人照看婴儿。

游戏42：　间隔找物（记忆持久性）

目的： 了解婴儿记忆发展情况，并锻炼他的记忆力。

时间： 出生后8~12个月。

方法步骤： 准备两块同样的布幕，选出一个婴儿感兴趣的玩具，在儿童面前摇晃几下或使它发出声响，以引起婴儿的注意，然后把玩具放到其中一块布幕的后边。此时他自然会伸手到布幕后边去取玩具，这时成人把儿童抱着出去转一圈再回到布幕边，并注意记录这一圈所用的时间，观察婴儿的反应。若他返回后看到布幕没有任何反应，不再有需要取布幕后的玩具的表现，则说明他已完全不记得转这一圈之前的事了；若他还要伸手去拿玩具，但尚不能一次性成功伸手到藏有玩具的那块布幕里，则说明他能记住，但记不准确了；若他一次性成功伸手到有玩具的布幕后边去取玩具，则说明他还能清楚记得以前的事。在此情况下，可延长外出转的时间，再用上述方法继续玩。

分析说明：

　　一般出生后8个月的婴儿只能记住间隔1秒前的事，而12个月大的婴儿则能记住3秒前的事，甚至有70%的12个月大的婴儿能记住7秒前发生的事。婴儿记忆的发展是其智力发展的一个重要构成部分。成人在逗他玩的时候可以以上述游戏为蓝本，进行其他类似的游戏来锻炼婴儿的记忆力，主要看婴儿记忆时间的长短和记忆的准确性。因为这段时期婴儿还不能完成再现，成人只能采用再认的方式来检测婴儿的记忆。具体进行时要把记忆检测活动与其他一些能使他感到高兴的活动间隔开安排，效果会更好。

游戏43：躲猫猫

　　目的：了解婴儿感知与好奇心的发展情况，增强婴儿通过自己的行为满足好奇心的能力。

　　时间：出生后8～12个月。

　　方法步骤：成人在婴儿身后呼唤他的名字，看他是否会转身寻找，找得是否准确、迅速。在婴儿能完成上述动作后，成人在他身边的任意位置呼喊他，看他能否准确地寻找到成人。若婴儿能完成上述动作，成人隔着障碍物（如幕帘、门窗）呼喊他的名字，看他是否能找到。可以以类似的方式变换时间、地点反复玩。

一般婴儿在出生后7个月时就会主动寻找在他眼前掉落的物体，也会主动寻找从他眼前离开的人，这也是可以玩躲猫猫游戏的最早时期。一开始玩这一游戏的最佳人选当然是母亲，接着其他和他在一起生活的成人或儿童也都可以玩。当他找到人后，被找对象就应该走近他，亲热一番，或给他喜欢吃的东西，以增加他的兴致。

游戏44： 即感即动（感知受知动作循环）

目的：了解婴儿感知与动作之间关系的发展情况，增强婴儿感知与动作之间的内在关联。

时间：出生后9个月。

方法步骤：给婴儿一个小玩具，注意观察：他玩的时候眼睛的动作，他看到自己玩的结果后又产生什么效果，以及这一效果对他接下来的行为产生了什么影响。

在教婴儿发音时，注意观察：他是否听到了自己的发音，听到自己的声音后他又会有什么反应。

若发现上述各方面是连环的，即婴儿感知到自己的行为（包括动作、发音等）时产生兴奋，这种兴奋又激励他去进行下一次行为，则说明婴儿感知和动作的关系已有了良好的发展，进入了相互激励的循环阶段。

分析说明：

9个月大的婴儿感知动作的矛头主要是指向外在世界的，凡是手能接触到的东西，他都永不停止地推、拉、拆、凑，表现出强烈的好奇心。出生后9个月，婴儿表现出一种显著的循环现象，即在摆弄自己的

分析说明：

手时，眼睛跟着手动；眼睛感知手的运动觉得有趣，手就继续动，甚至动作越来越快。在口中发出声音时，能用耳朵倾听；耳朵感知自己的声音，觉得好听，口中就继续发音，甚至越叫越响，以便自己能继续听。这样手眼一致、口耳一致，活动引起愉快，愉快又促使动作再度出现，反反复复，循环不已。成人应为这种循环创造一个良好的环境，适当给予激励，引导他向发展感知和各种活动能力的方向发展。

游戏45： 看事学话

目的：了解婴儿语言最初的发展情况，并促成婴儿语言发展。

时间：出生后9～12个月。

方法步骤：在游戏29的基础上，随时注意观察婴儿自己所发出的新的音节。一旦有新音节出现，立即引导他与对应的词和事物联系起来，强化这个音，如jie—jie（姐姐）、deng—deng（灯灯）、mao—mao（帽帽或猫猫）。强化的形式有：（1）指着对应的事物教他发音；（2）向婴儿发问，让他去找对应的事物，如问："灯灯呢？"婴儿就会转身去看灯，或用手指灯；（3）把所说的词与婴儿的动作联系起来，如说"欢迎"时，成人把他两只手拿起来拍一拍，说"再见"时把他的手举起来挥一挥。

在婴儿学会一些名词之后，可以教他一些动词和名词的搭配，如"给妈妈（把拿着的东西给妈妈）""拍妹妹（拍布娃娃）"，并和相应的动作和实物联系起来。

分析说明：

　　婴儿出生后9～12个月是他学话的萌芽阶段，这段时间四声开始出现，近似词的发音增多，而且能模仿发音，他自己所发出的音也表示一

分析说明：

定的意思，如看到画片上女孩会叫"姐姐"或"妈妈"等。可以说，在学话过程中这是一个质变时期，有些婴儿实际上在10～12个月已经有第二信号系统活动。但这一阶段发音和具体意义的联系还极为有限，如问"灯灯呢"，他可能只会指向房顶上的吊灯，而对桌上的台灯"视而不见"。这个阶段发音也不清楚、不确切，能听懂的词也很少（1岁时能懂10～20个词）在很大程度上还属于第一信号的性质。在这一阶段，成人如果简单地认为儿童不懂话、不会说话而不和他说话，就会造成儿童言语发展迟缓；如果儿童每次感知某事物或做某动作时都能听到成人说出相关的词，他大脑里就会逐步建立这些事物的形象与词的暂时神经联系，从而促进他的言语能力的发展。

游戏46：翻找玩具（手段移用）

目的：了解婴儿手段与目的之间的协调配合情况，以及婴儿运用已掌握的手段去达到新目的的能力，并发展婴儿的手段移用能力。

时间：出生后9～12个月。

方法步骤：游戏37中，婴儿掀手帕是一种手段，找玩具才是目的。本游戏要在婴儿已掌握的手段基础上进行，可再次运用掀手帕这一手段：不给婴儿任何玩具，在婴儿的周围任意地铺盖一些手帕、毛巾和纸张等，其中有的下面有玩具，观察婴儿可能进行的动作。一般情况下，他玩弄一会儿自己的手之后，就会去找玩具，若他找玩具时一个接一个地掀动或拿起周围的手帕、毛巾和纸张，则说明掀手帕这一手段已经被移用到新的情境当中；若只是偶尔掀动一次，或拿到手帕、纸、毛巾中的一样就玩起这些东西来，不再继续寻找，则说明他尚未具备手段移用这种能力。

分析说明：

　　这一玩法也可用婴儿学会移开障碍物等手段来进行，只需变换原来使用这一手段时的情境即可。手段和目的之间的这种协调配合，使婴儿的行动开始合乎智慧的要求，这就使婴儿的行动获得了在更大范围内成功的可能性，这本身就是对他行动的一个激励。成人可循着这一发展，创设条件或情境去促进婴儿智慧和动作的结合与发展。

游戏47：　打桩（独自站立）　◀◀◀

　　目的： 了解婴儿躯体动作的发展情况，并锻炼躯体动作能力。

　　时间： 出生后10个月。

　　方法步骤： 在地板上或床垫较硬的床上，成人用双手扶住婴儿的腋下或手臂，使婴儿成站立姿势，然后把手松开，撤到儿童的四周加以保护，但不接触婴儿身体，看他能站立多久。

　　在这一游戏前后，可先让婴儿在成人扶助下练习迈步，锻炼他的腿部力量。

分析说明：

　　站立是躯体动作一个很重要的发展，民间通俗说法是小孩"能打桩了"。它不仅促使婴儿躯干、腿部及手的动作有新的发展，也促使婴儿平衡能力、视觉及心理进入新的发展阶段。但由于每个婴儿在发育及其他各方面各有特点，有的婴儿要到一岁以后才能独自站立，有的则7~8个月大时就能独自站立。成人除了适时有意识地让婴儿进行一些迈步、站立游戏外，还应注意补充其营养，营养与活动相结合才能促进婴儿身体健康发育。身体健康发育又是智能发展的前提条件，成人应从这样的高度来安排婴儿的生活、游戏和活动。

游戏48：　瓶中倒糖（机能动作）　◀◀◀

目的：了解婴儿眼、手和脑综合动作的发展情况，并锻炼其综合动作的能力。

时间：出生后10个月。

方法步骤：取一粒小糖果，让婴儿舔食之后，当着他的面把小糖放进一个口径不大的透明玻璃瓶或塑料瓶里（切勿用易碎的瓶子！），观察他的反应。一般情况下他会哭叫，此时成人把瓶子递到婴儿的手中，观察他的动作，看他玩一段时间后，是他有意把小糖果从瓶中倒出，还是偶然瓶口朝下使小糖果掉出来的。成人再把掉出来的小糖果拾起来装进瓶里，看他能不能再次有意地把小糖倒出来。若能，则说明他的机能动作已形成；若不能，则以后再重复进行类似的游戏。

分析说明：

机能动作，或称随意动作，是一岁以内婴儿发展的最后一个阶段，它标志着婴儿动作开始具有一定的目的性，能克服一些困难，并能开始预见到一些动作的结果，这也是婴儿动作与智慧发展开始结合的时期，因而其发展是迅速的，成人应抓住这一时期发展婴儿的动作和智慧。同时，由于他从此开始喜欢"动手动脚"，好奇心驱使他见到什么都要动手去抓或触摸，成人要特别注意婴儿的安全，防止一切可能对他造成伤害的事故发生。

游戏49：　藏找玩具　◀◀◀

目的：了解婴儿最初探索反应出现的情况，锻炼他的灵活性，加快形成他的自我意识。

时间：出生后10个月。

方法步骤：给婴儿某一玩具，待他玩的时候，成人把玩具拿过来，从儿童的正前方藏到他的裙衫或裤腿里，然后成人喊着问他："在哪里？在哪里？"观察他的头、躯体、双手和眼的动作有无探索的表现，看他能否找到所藏的玩具。

分析说明：

　　这个游戏的关键在于玩具所藏的位置，婴儿此时已能开始寻找目标，并且具有一定的寻找能力，有的甚至能掀开盖住玩具的枕头。但若把东西藏在他的裙衫或裤腿里，或是紧贴在小孩的皮肤上，由于他还不能很清楚地分清外界与他自己，即便他向四周观看、来回寻找，一般也还是不能找到在自己十分贴近处所藏的东西。到1岁左右，幼儿才能把"藏"在自己体表的东西"找"出来。所以玩这一游戏时，成人可先将玩具藏在明处或相对远的地方，然后再逐渐放到离孩子身体近的位置。若他能在这一游戏中把贴在自己体表的玩具找到，则说明他的感觉和自我意识有了较早的发展。

游戏50： 借物取物（寻找新手段） ◄◄◄

目的：了解幼儿准思维的出现情况，锻炼幼儿寻找新手段的能力，并为其思维能力发展做准备。

时间：出生后11～12个月。

方法步骤一：把一玩具放在可以拉动的床单上，使幼儿不能直接用手拿到它，成人把婴儿抱到床单旁，指示婴儿去拿玩具。起初他可能会感到为难，会求助于成人，成人装作若无其事，让他自己玩。偶然之下他可能拉动床单，发现玩具会随床单移动，于是他就可能继续拉动床单，使玩具移近，从而拿到玩具。隔一段时间再进行一次该游戏，看他是否学会了这一方法。

方法步骤二： 在一玻璃柜里放着甜点，成人当着他的面打开柜门拿下甜点给他吃。然后将他独自一个人放在可摸着柜门的地方，观察他能否自己动手去打开柜门。

方法步骤三： 把一个小东西在他面前晃一晃，若他伸手来要，便把它装进火柴盒，再把火柴盒交给他。幼儿拿到火柴盒，用手摆弄一阵，若没有什么效果，他就会拿起来敲打一阵，用眼睛看看并用手摆弄。若他发现盒子开了条缝儿，就会把手指伸入缝隙中，打开盒子，取出小东西。

若幼儿没有上述动作，则表明他尚不能寻找新手段。

分析说明：

类似的游戏还有很多。这一游戏主要还是婴儿运用感知的过程，伴随着动作，他还会有少量的思维开始萌芽，因此成人不可把这类游戏安排得太难，也不可自以为是地认为婴儿什么也不懂而不去做这些游戏。这些感知动作是孩子日后思维发展的基础，在智力发展中起着很重要的作用。例如，这些游戏实际上涉及持久客体的空间位移关系、守恒和可逆性等，而这些都是思维的基本概念。幼儿在做这些游戏时不必要也不可能理解这些概念，但这些游戏为今后这些概念的出现准备了素材，同时也培养了这一时期婴儿的感知能力。

游戏51： **爬楼梯**

目的： 锻炼婴儿躯体、手和脚的综合活动能力。

时间： 出生后11～12个月。

方法步骤： 找一个阶距较小的楼梯，让幼儿双脚站在下阶，双手搭在上阶，一个成人在前面用食物或玩具逗引他，一个成人在后面保护他，看他能否爬上台阶、一次能爬几级。练习几天后，看他爬楼梯的水平有无长进、动作熟练程度是否有所提高。

分析说明：

由于爬楼梯时手脚和躯体要同时动作，且三者之间有一定的协调性，而一般情况下这一时期的幼儿还不能走动或做其他运动，因此爬楼梯是这一时期锻炼幼儿动作和体力的一种很好的形式。一开始时进行的时间不宜过长，一天只宜进行一两次，以后再逐渐增多，因为这一活动对这一年龄的幼儿来说还是较累人的。每次爬完后，给他一点水和他喜欢吃的食物，这既是对体力消耗的补充，又是对他的一种激励，激励他下次尽最大努力去爬，这样锻炼的效果就会更好。

游戏52： 独立行走

目的： 了解婴儿躯体及腿部的活动情况，并训练这种活动能力。

时间： 出生后11～17个月。

方法步骤： 成人站在婴儿身后，用手扶住婴儿的两腋，让婴儿的脚着地，进行挪步练习。这样练习一段时间后，成人再站到婴儿前面距离他半米的地方，放开扶着婴儿的双手，做好保护准备，让婴儿自己走过来。当他能很轻松地走过来时，成人再在婴儿向前走的同时向后退，看他能走多远。

分析说明：

每个孩子的发育快慢不一，发育快的一般出生后11个半月就能独立行走，慢的则要到17个月以后。有的孩子甚至早在8个月大时就能行走，有的孩子迟至3周岁仍不能行走，在这个时间段范围内的都不算异常。这其中，鼓励性地进行有计划的攀爬、站立和迈步等动作训练，会起到重要作用。当然这种作用不是无限的，何时能行走还与生理因素及发育状况有关。因此对婴儿行走既不能无要求，又不能要求过高。

分析说明：

　　直立行走将对婴儿的平衡能力和心理发展起重要作用，他会通过自己的行走和手的动作，主动地与周围的人和事发生初步的关系，从而认识周围，扩大认识范围。此外，行走还有助于婴儿独立性的发展。在练习行走时，要尽力避免跌倒，因为跌倒可能对婴儿身体造成损伤；更重要的是跌倒会大大削弱他练习行走的积极性，使他害怕行走，这对此后的训练极为不利。

游戏53：　跟笑跟哭（简单同情感）

　　目的： 了解婴儿情绪、情感发展情况，丰富婴儿情绪、情感。

　　时间： 出生后12个月。

　　方法步骤： 在成人因某种原因或某件事而感到高兴时，用面部表情、动作、语言等方式对婴儿表达，注意观察婴儿在一旁的情绪反应，看看他是否因为成人在笑而跟着笑。

　　在成人或其他小孩因某事而哭泣（也可是装哭）时，观察婴儿的情绪表现，看他是否因别人哭泣而表现出情绪低沉，或者同时也跟着哭起来。当着小孩的面，由一陌生人假装打孩子的爸爸或妈妈，观察婴儿的情绪反应，看他是否表现出愤怒和哭泣。若有上述变化，则说明婴儿已产生简单的同情感受。

分析说明：

　　婴儿这一时期的同情感还是简单的动作同情，他们不会理解笑和哭的原因，只能见他人笑而笑、见他人哭而哭，但这标志着婴儿与成人的情感交流已有新的发展。简单的"情感共鸣"是高级社会情感产生的基础，成人应正确地了解这种情感，并利用这种情感来塑造婴儿良好的个性。

游戏54： "自我" 发现

目的：了解婴儿自我意识最初出现的情况，发展婴儿的自我意识。

时间：1岁左右。

方法步骤：将婴儿的手在糖水中蘸一蘸，当婴儿咬自己的手时，成人拿一块糖往他嘴里放，观察他有何反应。注意，成人不要把他的手指从他嘴里拉出来。若吮吸到糖块后，婴儿立即把手从嘴里拿出来，这说明他已能区分出自己身体的一部分（手）与外界客体（糖块）之间的差别，即最初的自我意识开始出现；若婴儿还是只顾着啃手指，则说明他还不能区分自己的手与糖块，即最初的自我意识尚未出现。

分析说明：

自我意识是意识指向自身的一种形式，它对一个人的心理活动和行为的调节起很大作用，因而它也是个性发展的重要条件之一。一岁左右婴儿的自我意识还只能是区别外界与我，即外界客体与自己。在用嘴啃自己的手时，婴儿会感觉到这与吃糖不一样，因此成人不要在小孩啃手时将他的手从嘴里拉出来。因为如果不啃手，他就无法感觉到这种不同；而当他的自我意识发展到一定程度时，婴儿自然便不再啃手。相反，若孩子超过一定年龄时仍在啃自己的手，就说明该婴儿在个性发展上存在问题。了解婴儿自我意识的发展，还可以通过观察婴儿是否因为把玩具弄得动起来（或响起来，或把身边的小动物赶走了）而自豪等方式来进行了解。

游戏55： 有意玩动（随意注意出现）

目的：了解婴儿随意注意的出现情况，强化婴儿的随意注意。

时间：1岁左右。

方法步骤：将一个可以活动（如转动）或发出音响（如小鼓）的玩具交

给婴儿，尽可能消除其他各种干扰，观察他能连续专心玩多长时间，玩的时候是否会有意去转动它或使它发出响声。若有上述表现和动作，则说明有意注意（即随意注意）开始出现；若无，则表明随意注意尚未出现。

分析说明：

　　随意注意（即有意注意）是比不随意注意（即无意注意）更高层次的注意，它是指有目的的、有时须做出一定意志努力的注意，在学习过程中起着较重要的作用，因此婴儿有意注意的出现是与婴儿目的性及意志的发展分不开的。1岁的婴儿在这些方面的表现很微弱，所以做这一游戏时要细心观察，重点看他是否有意地做某一动作，只有对前后两个不同时间点的表现做比较观察，才能看得比较准确。

游戏56：手递手

　　目的： 了解婴儿左右手之间的协调情况，增强婴儿左右手协调能力。

　　时间： 1岁左右。

　　方法步骤： 先拿一件玩具放在婴儿的右手上，待他拿好后，再拿另一个玩具递到婴儿的右手边，看他如何动作。如果他将手中的玩具丢掉后去接另一件玩具，则说明他还不会左右手协调递换物件；如果他能把右手里的玩具放到左手上，然后再去拿另一个玩具，则说明他已经能够左右手协调相互递换物件。

　　换一种方式，继续将玩具递到孩子的左手上，看他如何动作。

分析说明：

　　在生理学上，婴儿将手中的物品传递到另一只手上的动作被称为"跨越身体中线的行为"，它是一个重要的神经发展历程。一般8～12个月的孩子已经能够用一只手抓住玩具，但将玩具从一只手传递到另一只手，对他们而言则是难度更大的动作。通常可能出现的情况是：

分析说明：

当递给婴儿另一个玩具时，婴儿的注意力会转移到新玩具上，那么原来置于他手上的玩具不是被自主地、有目的地放到另一只手上或地上，婴儿会无意识地放手，任其自然下落。只有到了1岁左右，婴儿才能自主地放下物体。所以这一游戏不只是练习婴儿左右手的协调，还与婴儿神经系统的发育和有意注意的发展状况直接相关。成人要细心观察，做出判断后再对孩子进行有意识的练习。

第三章　1～3岁亲子游戏

1岁后，幼儿游戏转入探索物体及运用记忆的感觉性游戏；1岁半左右发展起来的模拟游戏是儿童符号系统开始发展的标志；2岁左右开始转为使用物体进行搭建的建构性游戏，在3～6岁间建构性游戏发展的空间更大，几乎占这个时段儿童游戏的一半，这类游戏有助于儿童认识客观世界的规律和规则；2～3岁时，儿童开始进行角色扮演游戏。3岁前，家庭还是儿童活动的主要场所，成人要注意了解这些儿童游戏发展的关键点，带领孩子抓住时机做游戏。

游戏57： 听令模仿

目的： 了解幼儿听从简单指令、模仿他人简单行为的情况，促进儿童言语表达及简单模仿能力的发展。

时间： 1～1.5岁。

方法步骤： 在家里来客人时，成人可在孩子身后拿起孩子的两只小手，对着客人一边说"欢迎！欢迎！"，一边将他的手抬起来鼓掌。如此进行若干次后，再遇到相同的情境时，成人只说"欢迎！欢迎！"，观察孩子闻声是否能抬起小手鼓掌。

与上述过程同时可进行的是，在客人离开时，成人一边说"拜拜！"，一边将孩子的右手举起挥一挥。如此进行若干次后，再遇到相同的情境时，成人只说"拜拜！"，看孩子闻声能否举起右手向对方挥一挥。

还可选择日常生活中其他简单行为进行成人说、儿童做的听令模仿游戏。

分析说明:

　　1岁左右的幼儿能听从简单的指令，模仿他人简单的行为。成人应仔细观察，抓住生活中的恰当时机。在做这一游戏时，最好让来的客人适当配合，有助于孩子很快学会听令模仿行为。这样的游戏对培养孩子开朗的性格和社会交往能力也有一定的促进效果。

游戏58: 多音对话

　　目的: 有目的地训练幼儿言语发展。

　　时间: 1~1.5岁。

　　方法步骤: 首先，细心观察孩子的发音，特别注意他的单音重复音节、近似词发音的发展情况，后期还要注意简短句子出现的情况。每出现一个新的发音，成人都应及时通过让孩子重复发音来强化它，使这些词和句子最终为孩子所掌握。

　　在此基础上，成人在进行某种活动，特别是与幼儿有直接关系的活动时，一边做一边说给幼儿听，为其日后发音、听懂成人的话、理解成人的活动提供模仿的材料。如成人可以在烧饭时说"做饭给宝宝吃"，可以在给儿童穿衣时说"给宝宝穿衣"等，或简单地说"吃饭""穿衣"。幼儿发音较熟练时，父母可做些记录，记录下幼儿已会发哪些音、哪些音尚不会发、哪些音曾经会发而现在又不会发，然后对照汉语拼音的音节表，有目的地训练他尽可能地发出各种音。

　　最后，就是训练幼儿的手势和面部表情，如点头表示赞同、摇头表示反对或否定等，这样就避免了其在发音和口头表达方面产生困难，使幼儿在言语理解的发展方面先行一步。

分析说明：

　　1岁以后，幼儿言语开始非常迅速地发展。1～1.5岁是单词句时期，这段时期言语理解的发展比较迅猛，因此成人不要怕幼儿听不懂，不管什么话都要多跟他说，幼儿理解的词总比说出的词多。成人在说的时候，要特别注意将所说的话与具体情境联系起来。到1.5岁时，幼儿还能听懂一些简单的故事。这时期幼儿可说出的词已有几十个（正常为50多个），其说话的特点是：单音节重复词多，如妈妈、猫猫等；一词多义和以词代句的时候多，如说"灯灯"可表示"灯亮了""灯灭了""到灯那边去"等；以音代物的时候多，如用"bo—bo""di—di"称呼汽车；与生活相关的名词多。这段时间的后期，幼儿已发展到"直接刺激-词的反应"和"词的刺激-词的反应"阶段，也就是说第二信号系统开始发生作用。从此以后，成人就应把教幼儿学说话摆到培养幼儿的议事日程上来。

游戏59： 借助多物取物（感知运动智慧化） ◀◀◀

　　目的：了解幼儿感知和动作智慧含量的发展情况，并促进这种发展。

　　时间：1～1.5岁。

　　方法步骤：把一块很耀眼的玩具块（如手表）给幼儿玩，待他对它产生兴趣时，把它放到一只枕头上，使幼儿伸手抓不到表，但可以抓住枕头。观察幼儿是否能想到去抓枕头，看他如何抓取枕头、能否在抓住枕头的同时把玩具块也带过来。若能，成人再把第一只枕头斜放在第二只枕头下，把玩具块放在第二只枕头上，使幼儿伸手只能抓住第一只枕头，然后观察幼儿的抓取动作。如果幼儿的感知运动智慧发展到一定程度，他就会先拖动第一只枕头，然后再拖动第二只枕头把玩具块带过来，最终拿到玩具块。成人也可以换用其他物件来进行这一游戏。

分析说明：

　　由于每个孩子感知运动的智慧程度不同，不同幼儿在做这一游戏时的反应速度和动作方式会有不同。成人不必着急，也不必简单地教会他这一动作，而应在平时逗玩时，通过多种方式来启发幼儿智慧，从而逐步提高幼儿感知觉运动的智慧程度。一旦他知觉运动的智慧程度达到相应水平，他自然就会完成上述动作。

游戏60：牵牛

目的：增强幼儿行走能力和兴趣，促进其平衡能力发展。

时间：1～1.5岁。

方法步骤：将一段长度稍稍大于幼儿手与地面之间距离的绳子系上小牛形状的玩具，让孩子拖着它四处行走。成人可跟在后面"赶牛"，从而使游戏更具趣味性，同时保护幼儿以免跌倒。

　　用同样的方式，可以让孩子牵其他动物，或拉一个小车。

　　当幼儿较熟练时，就可以由他自己拉着玩。为增添玩的兴致，可系上一被拉动就响的玩具，如在废旧金属筒内装几粒豆子等。当幼儿听到自己拉的玩具会发出声响，他便会继续不断地往前拉动玩具。

分析说明：

　　这个游戏应在幼儿刚学会行走后再做，若幼儿尚未学会行走，则应往后推迟。刚刚学会行走的孩子，步伐还不太稳，容易跌跤，因而需要充分的锻炼；而在这一阶段喜欢玩拖拉游戏往往又是孩子的天性，利用好这一天性，可以激发儿童行走的兴趣，并以此方式锻炼他的行走能力，发展他的平衡能力。"牵牛"所用的绳子不宜过长，过长则容易绊倒幼儿；也不宜过短，过短则会碰打孩子的脚后跟。

游戏61： 滚球

目的：增强幼儿跑步的能力和兴趣，促进其平衡能力的发展。

时间：1～1.5岁。

方法步骤：准备一只小皮球，在户内或户外找一块开阔平整的场地，成人将球以较慢的速度滚出，孩子看到球滚出后就会跟着跑，直到追上并用手捡起球。成人也可跟跑并装作要抢球的样子，以增强孩子的兴致，并对孩子加以适当保护。

玩到一定熟练程度后，成人把着幼儿的手，试着让幼儿推着球往前滚，然后再跟着球追跑。当孩子领会这一动作要领后，成人就不必继续把着他的手，让孩子独自用手滚球即可。

分析说明：

这段时间幼儿开始尝试跑步，但跑起来步子不稳，起跑后很难停得下来，一停就会跌倒。这一游戏有助于孩子练习弯腰、下蹲、跑步等动作，有助于锻炼孩子手的动作的灵活性（由于球滚到一定位置就会停下来，孩子对球何时会停下来往往判断不准确，经常会跑过头）。有意识地把球滚出去是幼儿在这个时期比较难掌握的动作。成人要注意观察孩子各方面发展的实际状况，然后有针对性地通过游戏对他的某些能力加以练习。

游戏62： 推车

目的：提高幼儿行走的熟练程度、上肢与下肢动作的协调能力，促进其平衡能力发展。

时间：1岁以后。

方法步骤：准备一辆手柄高度适合幼儿的四轮小车，选择一块平地，让幼儿推着车自由行走。成人可在小车前面带路，或拿一样幼儿喜欢的物件带着他推车行走。成人可在车内放些玩具，或放一件一走动便可以发出响声的设置，以增添幼儿行走的兴致。在幼儿推车比较熟练时，成人引导孩子推车转弯、推车越过或躲过障碍、推车上下有一定斜度的缓坡等，以增强孩子在各种情况下的应变能力。

分析说明：

　　这个游戏与前面"牵牛"游戏对幼儿发展的功能相接近，主要差别在于："牵牛"时，牵引物在身后，幼儿前方视野开阔，"牛"完全受幼儿控制；推车时，车在前面，挡住了幼儿直接看地面的视线，并且车运动起来有惯性，控制起来更难，也因此对幼儿掌控能力的要求更高。所以成人要注意保护，防止儿童因控制不住小车而跌倒。

游戏63：单向聊天

　　目的：提高幼儿听说和理解能力，促进幼儿语言接受与表达能力的发展。

　　时间：1岁以后。

　　方法步骤：当孩子出现烦躁情绪时，可以一边温柔地把孩子抱在怀里（或放在摇篮、小车里），一边问："宝宝怎么了？宝宝需要什么？"看他是否因此就安静下来了。

　　或者和他聊聊天，问："宝宝今天是不是起床有点儿早？现在有点儿困了？"或是指着身边的景物向孩子介绍："啊，好大的树哇！看，小狗来了。"或告诉他即将要去的地方、那里有什么好玩的等。成人可依据眼前的情境任意发挥。

分析说明：

在这个年龄段，孩子能听懂的话语远远多于能说的话语。成人不要错误地以为反正孩子听不懂，就不和他说话了。大量实验证明，儿童语言和思维的发展都与成人是否跟他有及时、充分的对话交流直接相关。所以即便幼儿什么也不会说，成人也要花一些时间耐心地和他聊天，并观察孩子的行为与面部表情的变化，分析哪些话他听懂了、哪些话他还没听懂，再进行有针对性的单向聊天，并逐渐扩大双向互动交流。

游戏64： 生活自助 ◀◀◀

目的： 锻炼和发展幼儿的活动能力，培养幼儿成为活动的主体。

时间： 出生后13～24个月。

方法步骤： 幼儿出生后13个月时，成人主要应训练和鼓励儿童随意地独立行走、跑、跳和攀登，使手的动作日益精准。在此基础上，成人应循序渐进地让幼儿进行一些活动，如吃饭、穿衣、穿鞋之类的自我服务活动，帮成人拿鞋、拿帽之类的简单服务性活动，和模仿日常生活的游戏等。通过这些活动，使幼儿从完全由成人照顾，逐渐发展成为活动的主体，使他的主体意识产生并逐渐增强。

分析说明：

这一游戏事实上并不是完成某一动作，而是在一定时期内完成连续性的一组活动，通过这一时期的一组活动，达到发展幼儿主体性的目的。因此这一游戏的具体活动形式要依据幼儿的兴趣爱好和幼儿生活状况、人际关系等多样化展开，不必过分拘泥于某一点。认真做好这一游戏，将对幼儿心理发展产生重大影响，减少其依赖性，增强其自主性和独立性——这恰恰是幼儿个性发展的重要基础，也是幼儿智力积极发展的重要基础。

游戏65： 堆积木

目的： 了解并训练幼儿手的动作的熟练性、灵活性和准确性，让他有意识地拿起和放下物体。

时间： 出生后15个月左右。

方法步骤： 把一堆一寸大的方形积木块放在幼儿面前，当幼儿动手抓时，成人一边说"搭积木"，一边将积木搭成各种形状，并引导孩子动手搭。然后观察幼儿的动作，看他能否有意识地用手拿起积木，是否有意识地把积木放在了某个位置。

若孩子能完成上述动作，再引导他把一块积木往另一块积木上放；若他能放得上去，看看他能搭起几块、搭得是否端正、搭得快慢如何、手的动作是否灵巧等。

分析说明：

这一游戏主要是操作性游戏，它的完成对幼儿大脑的发展有一定的促进作用，也是对有意动作的训练。在初始时期，幼儿只能把一块积木块堆放到另一块之上，即堆起两块积木，成人不必要求他堆得整齐方正，只要他能放上去就可以了。经过一段时间的练习后，在这一年龄段，幼儿最佳的表现是可以堆放起5块。在这一过程中，应更多地让孩子自己去堆，成人可以偶尔堆一次很高很大的，示范给幼儿看。也可根据幼儿堆的水平，堆得比他的稍高大点儿，待他能堆到同样高大时，成人再堆高些，与孩子进行"比赛"；借此提示他，把积木堆得整齐一些，就能堆得更高，这样做对改善训练效果有很好的作用。堆积木不仅是对幼儿的手的动作的训练，还有利于幼儿注意、意志和最初思维的发展。

游戏66: 试探情绪对智力操作的影响

目的： 了解幼儿"愉快"和"痛苦"的情绪对其智力操作效果的影响，观察并培养其情绪控制能力。

时间： 出生后16～18个月。

方法步骤： 将幼儿抱到可以转动的圆盘桌前，在幼儿所坐位置的另一边的桌面上放置一个对他有吸引力的玩具。当他产生抓取的欲望并动手去抓玩具时，成人转动圆盘，使玩具逐渐靠近幼儿。转了一段时间后，让儿童自己转，并教他能熟练地进行这一操作，然后观察以下两种情况下操作的效果有何不同：

（1）母亲逗他玩（但母亲不要动手操作），只需保持他的情绪愉快，指导他去操作。

（2）母亲离去，陌生人接近，引发幼儿的痛苦情绪，但不惹恼他，仍指导他操作。

看看在以上两种情况下幼儿抓取玩具所用的时间是否有差别，有多大的差别。

> **分析说明：**
>
> 一般情况下，儿童在不愉快的时候更多地想不通过旋转桌面而直接抓取玩具，更多地表现为注视玩具而不动手操作，且操作时间增加等。这说明不同的情绪状态对儿童智力操作具有不同的影响，说明良好的情绪对儿童的智力操作有组织和促进作用。使儿童拥有良好的情绪状态有利于儿童的智力行为发展，这种影响肯定对每个儿童都是存在的，在和具体的对象一起做游戏时，还应注意观察这种影响的程度的大小。

游戏67：词—词交谈

目的： 了解幼儿第二信号系统（即抽象概括能力）的再现和发展情况，并加以培养。

时间： 1.5岁以后。

方法步骤：（举例）先选一个幼儿熟悉的概念与他交谈，比如帽子，幼儿已熟悉了"帽子"这一概念，且以前都是以冬天戴的绒帽作为联系物。然后成人出示一种新的帽子（如单帽或太阳帽）并对孩子说"请把太阳帽拿来"。由于出现了"太阳帽"这一新词，幼儿起初会莫名其妙，此时成人跟孩子说"太阳帽就是新拿来的那顶帽子"，观察幼儿听了这话有什么反应。如果他能把太阳帽拿来，则说明第二信号系统已出现；若不能，再用其他方式进行类似游戏，反复几次，直到确定幼儿确实听不懂成人所说的话。这说明他的第二信号系统尚未建立。

分析说明：

做这一游戏的方式多种多样，上述步骤只能算是举例。做这一游戏的关键在于确定孩子确实对词的刺激产生词的反应，即在对词的理解的基础上形成新的暂时神经联系，或者说形成条件反射。只有在词的基础上建立新的联系，才是真正的第二信号系统的活动。第二信号系统的形成和发展，给儿童的高级神经活动带来了新的原则，使他的认知具有抽象概括性，使意识有了自觉能动性。因此加强这方面的训练有着极重要的意义。训练的基本方法，仍旧是在他已熟知的旧词的基础上，用半新半旧的词刺激他，看他能否对这样的词形成条件反射。若能，则说明第二信号系统出现并发生作用；若不能，则说明第二信号系统尚未出现或未能发生作用。

游戏68： 猜拳

目的： 锻炼幼儿手的灵活性，让孩子在快乐玩耍中形成初步的形和数的概念。

时间： 1.5岁以后。

方法步骤： 成人与孩子面对面坐着，各自把右手放在身后，口中喊："锤子、剪刀、布，出来！"喊到"出来"的时候伸出右手。先示范手的三种不同形态给孩子看，让孩子分清楚什么样的手形叫"锤子"、什么样的手形叫"剪刀"、什么样的手形叫"布"。

待孩子明白后，让孩子以同样的方式学着做。一开始只需要学会出某一种手形即可。孩子熟练到一定程度时，再告诉他"剪刀剪布""布包锤子""锤子打剪刀"的游戏规则；且每次用手的动作形象地比画出来，让孩子从中体会到输赢的概念和乐趣。

分析说明：

猜拳游戏可以玩很长时间，玩的方式也多种多样。1.5岁以后可以玩最简单的。一般选择在儿童比较兴奋的时候玩为好。猜拳游戏的其他玩法，可以是成人伸出不同的手指藏在背后，让宝宝猜伸出的是哪几根手指，然后成人从背后伸出手来，让宝宝数一数大人伸出了几根手指、是哪几根手指。也可由宝宝出手指，成人猜完后再数一数。为增加游戏的趣味性，可计输赢。

游戏69： 抱布娃

目的： 锻炼幼儿手臂的活动能力，促进孩子情感的丰富和发展。

时间： 1.5岁以后。

方法步骤： 准备一个大小适中的布娃娃（若针对男孩，可以用布料做的小动物替代），让孩子在行走时抱着。成人可先抱着布娃娃示范给孩子看两只手谈如何摆放、行走时如何抱才方便，再让孩子抱着走。

和孩子一起外出购物或旅行时，带上他平时最喜欢的布娃娃（或其他布玩偶）。成人不要仅仅把布娃娃看作一个物件，而应经常和孩子一起照顾布娃娃，比如拍一拍，说："宝宝好，宝宝乖！"和孩子一起把布娃娃的外表整理干净。到某处游玩时，可以和布娃娃说："这里多热闹哇！这里的风景多好哇！"上车的时候也可以问布娃娃："坐车的感觉如何？"乘飞机时可问："刚才起飞有什么感觉？"日后，通过孩子对布娃娃的问话，成人就可以知道孩子内心想些什么。

分析说明：

这个年龄段的孩子开始需要玩伴，布娃娃等布偶会成为他们的玩伴。通过对布娃娃的照顾，孩子可以安慰激励自己、排解不良情绪，使自己的情绪情感有相对具体的对象，并获得游戏的快乐。成人不要强行要求小孩抱什么，可由孩子自行选择，一旦选定，他在一定的时间内就会产生依恋情感，自然就会随时把布偶带在身边。成人要注意定时和孩子一起清洁布娃娃。值得注意的是，孩子在发怒时，也会冲着布娃娃撒气，会把它扔掉甚至毁坏，成人要学会冷静处置。

游戏70： 扶物过障碍

目的：训练幼儿躯体及腿部动作的灵活性，增强其平衡感。

时间：出生后20个月左右。

方法步骤：在儿童和成人之间放一高度适中的障碍物，在障碍物的旁边放一木凳或其他竖立的支架，然后用漂亮的玩具或食物鼓励他越过障碍物。观察他的动作，看他是否能顺利地越过障碍物、对手扶的依赖性有多大。若能顺利越过，则适当增高和加宽障碍物，再照上述操作进行，直至找出障碍物宽和高的极限。

隔一段时间再重复做这一游戏，就会发现孩子的进步很快。

分析说明：

躯体动作对幼儿躯体发育起着很重要的作用，幼儿的平衡能力也是在活动中不断增强的。做这一游戏时，既应积极主动地引导幼儿活动，又要注意安全，尽可能减少其跌倒的次数，这样才能减少幼儿对跌痛的恐惧感，增加活动乐趣，提高幼儿活动的积极性。假如真的跌倒，也要让幼儿快乐地爬起来，不要渲染恐惧的色彩。一开始游戏时，应把障碍物放得低些窄些，视幼儿通过的顺利程度再逐级提高。孩子大约到26个月大时，就能不用扶助独立过障碍物了。

游戏71： 学说简单句

目的： 了解幼儿掌握最初级言语的情况，并训练其听说能力。

时间： 1.5~2岁。

方法步骤： 依据幼儿之前发音和学话的游戏，在他原已学会的词语的基础上，引导他将词语扩为句子，比如他已会说"爸爸"，可引导他在爸爸去上班时说"爸爸上班"。类似的语句有"姐姐上学""妈妈买菜"等很多。

在幼儿会说一定数量的简单句之后，引导孩子说以下几种类型的简单句：

（1）主谓句，如"妈妈走了""奶奶开门"等。

（2）谓宾句，如"不要帽帽""接妈妈""上学校"等。

（3）主谓宾句，如"我也要吃蛋""妈妈吃这个"等。在此基础上，可引导幼儿说些复杂谓语句，如"妈妈给我拿娃娃"之类的句子。有的儿童在这一时期还能说些复合句，如"阿姨不唱，我要睡"之类的话。

分析说明：

　　这一游戏的关键在于成人抓住各种情境与幼儿多多对话，不能急于求成。这一时期幼儿说话一般每句说5个字，最多的可说11个字，有些句子虽语法上不恰当，不合适的地方很多，但成人不必忙于纠正，最重要的是要他开口说，各种错误是会在日后长期的日常对话中纠正过来的。不同的幼儿，他能说的内容和句子也不同，不必强求他说什么，而是让他能说什么就说什么，在他能说的基础上做"加法"，有意识地对其加以引导。

游戏72：　搬家　〈〈〈

　　目的：了解幼儿有意活动的发展情况，并锻炼幼儿有意活动的能力。

　　时间：1.5～2岁。

　　方法步骤：放3～5件玩具在某处，成人和孩子一起一边说"搬家"，一边把玩具从一个位置（走几步）搬到另一个位置，然后放下。每次搬一个，然后再回去搬另一个，直至将玩具全部搬到另一个位置，才告一段落。

　　刚开始，成人可把着幼儿的手取玩具、搬动玩具、放下玩具。渐渐地，放开幼儿，让他自己动手拿、自己放下、自己来回完成一系列动作。完成一个环节时，成人可奖励些吃的给幼儿，或给予口头夸奖，鼓励他继续搬。

分析说明：

　　这一年龄段的幼儿，本能地喜欢将玩具从一个地方搬到另一个地方，这一游戏的关键在于以下环节：儿童有意识地拿起物件，儿童有意识地从一个地方走到另一个地方，儿童有意识地把手中的物件放到特定的位置；再多次重复上述动作。只有当儿童身心发展到一定程度，他才能完

分析说明：

成上述一系列动作，所以在玩这一游戏时，成人一开始要在一旁不断提示：从哪里拿玩具，拿到哪里去，放到哪里，再到哪里去拿（如果没有成人提示，孩子可能就会随意拿、随意丢，也不会重复进行）。经过这样一段时间的练习后，儿童就能自主而有序地搬来搬去了。

游戏73：听词认物

目的：了解幼儿知觉选择性发展的情况，并促进幼儿词语与认知水平的提高。

时间：1.5～2岁。

方法步骤：把幼儿带到一堆玩具模型前，然后叫出每件玩具的名字，让幼儿用手指出实物，如小狗、猫猫、眼睛、耳朵等。

在幼儿能熟练地指认一些玩具后，再调换一些实物，依照上述方法继续进行。孩子遇到不能指认的实物时，成人可告诉他一次，然后在重复时看他能掌握多少。

在他能辨认较多的对象时，成人指着实物问儿童："这是什么？"让幼儿说出名称，统计幼儿说对的比率，看他的进步如何。

分析说明：

运用这种方法，可以使幼儿更快、更多、更好地感知各种事物，建立起词语与实物对象之间的联系；同时幼儿还能在成人言语的指导下去感知辨别事物，使感知表现出有意的萌芽；也可发展幼儿的观察力、注意力和记忆力等。随着孩子年龄的增长，还可以让他认识室内物品，甚至带他到野外去认物。认物是幼儿认识世界的具体过程，它将有利于儿童心智各方面的发展。

游戏74：　接受多物件

目的： 了解幼儿认知发展情况，并促进儿童认知水平与控制能力的提高。

时间： 1.5～2岁。

方法步骤： 选择四五件幼儿比较喜欢的玩具，先不要让孩子看见（最好放在成人的身后），然后依据自己平日观察到的孩子对这些玩具的喜爱程度，先给出一件他最不喜欢的。当他把玩具拿在手上玩时，给他一件他更喜欢的玩具。

在孩子两手都拿着玩具的时候，再给他一件他更喜欢的，此时注意观察孩子的行为：若他无意把原来的玩具扔到一边，则说明他的控制能力和范围依然有限；若他在拿第三件玩具之前，能有意识地把手中的玩具放在自己的腿上（坐姿时）或自己两腿前方（站姿时）的就近位置，则说明孩子的认知和掌控水平已达到一个新的高度。

若出现前一种表现，那么这个游戏就不需要再进行下去了；若出现后一种情况，则再给孩子一个他更喜欢的玩具，看他是否还能把手上的玩具放在腿上或腿前方（有些小孩甚至会用两脚夹住玩具），以此决定是否再去拿第四个玩具。

随着孩子年龄的增长，可适当增加此游戏中玩具的数量。

分析说明：

这个年龄段的幼儿可以同时掌控3～4个物件。在给他新的物件时，他会把原来手中的物件放在他腿前自己认为可控制的、属于自己的范围内。这种表现不需要训练，也没有必要训练，待孩子的认知水平、控制意识与能力达到一定程度后，自然就会有这种表现。

游戏75：　开屉取链（智慧综合性）

目的： 了解幼儿运用第二信号系统进行思维及思维与动作的最初协调情

况，并锻炼他的这种协调性。

时间： 1.5～2岁。

方法步骤： 拿一只火柴盒（或其他纸盒）、一条小链子，让幼儿随意玩上一段时间后，把链子装进火柴盒屉内，并把盒屉半拉开，观察幼儿拿到火柴盒后，是否会把链子倒出来。

若能完成，再装进去，使盒屉开的缝小到不能倒出链子，观察儿童的动作。若他不知所措，则说明其智慧综合性还不足；若他能用手指把链子勾出来，则说明其智慧综合性已有发展。此时再把链子装进去，屉口只留下连手指都伸不进的很小的一条缝儿，看幼儿如何处理。若他将火柴盒拿在手上很长一段时间仍毫无办法，或是通过摔打把盒子摔碎取出链子，这些举动都不意味着其智慧综合程度有所提高；若他拿到盒子后，虽然起先毫无办法，但后来他仔细查看，嘴唇翕动着，一边深呼吸，一边拉开盒子，把链子倒出来，则说明他的智慧综合性已有了较好的发展。

分析说明：

这个游戏旨在鉴别儿童是通过动作展现出结果后的几次试验获得解决问题的办法，还是真正"想"出来新办法。如果是借助于动作展现的结果，则说明智慧的综合性尚未开始发展；而如果是"想"出来的新方法，那么这一过程中他需要通过运用第二信号系统，进行初步的思维，也需要思维与动作的协调。因此游戏本身是对上述各方面的实际锻炼，父母们也可根据自己身边的生活情境设置一些"疑难"问题让儿童去解决，逐渐开启儿童的智慧之门。

游戏76： 身体部位指认 ◀◀◀

目的： 了解幼儿对自身身体各部位器官的认知情况，并丰富幼儿对自身器官的认识。

时间： 1.5～2岁。

方法步骤： 成人说"鼻子"，然后用手指着自己的鼻子，以此作为示范。然后问："宝宝的鼻子呢？"看孩子是否能指向自己的鼻子。若孩子没有反应，可过一段时间再做这个游戏；若他能指向自己的鼻子，成人再问："宝宝的耳朵在哪里？"看他能否指向自己的耳朵（若是用手去摸，也能说明孩子已知道自己的耳朵在哪里了）。

适当的时候再问幼儿："宝宝的脚在哪里？""宝宝的手在哪里？""宝宝的头在哪里？"

分析说明：

这个年龄段的幼儿一般可分清自己身体三个不同的部位或器官。他对身体部位或器官的认识与他的认知范围直接相关，且遵循先大后小、先粗后细的顺序，如：鼻子和耳朵是头部的突出部位，与人见面时首先被感知，所以比较容易被孩子指认；头和脚是人身体的两端，也容易被孩子指认。成人可循着这个次序逐渐丰富孩子对自身器官和部位的认识。

游戏77： 是否判断

目的： 了解幼儿对是与否进行判断的发展情况，促进幼儿判断能力的发展。

时间： 1.5～2岁。

方法步骤： 成人选择生活中常见的事实对幼儿进行"是"或"否"的提问。例如，问"吃饱了吗？"，让孩子依据自己的感受回答"是"或"否"；问"鞋子穿上了吗？"，让孩子依据自己的感受回答"是"或"否"；问"是不是冷呀？"，让孩子依据自己的感受回答"是"或"否"。

在回答"是"的时候点头，在回答"否"的时候摇头——成人可先做示范，然后让孩子自然地将判断与动作联系起来。

鼓励儿童向成人提出"是"与"否"的问题，如："是否开始吃饭？""是否现在就走？"成人应当绘声绘色地明确回答，甚至夸张地将点头点到鞠躬的位置，摇头时摇得很快等。

分析说明：

"是否判断"是儿童判断能力发展的一道重要门槛。这个年龄段的儿童开始对自己所知道的内容做"是"与"否"的判断，并伴随着"点头"和"摇头"的动作加以辅助表态。成人首先应该用具体、直观、孩子能充分感知的问题进行提问，然后逐步问一些相对抽象、宏观的，或者需要孩子进行思考以后才能回答的问题。成人对儿童提出的问题的回答，本身对儿童判断能力的发展有直接的影响，所以成人的回答应尽可能明确、简洁，避免犹豫或拖泥带水。

游戏78：熟悉物品定位

目的： 了解儿童方位感的发展情况，促进儿童记忆和方位感的发展。

时间： 1.5～2岁。

方法步骤： 成人假装忘记了某件儿童熟悉的物件，向儿童提问。比如问："帽子放在哪里？""水杯放在哪里？""鞋子放在哪里？"看儿童的反应。若儿童没有反应，就找一个他可能更熟悉的物件，问他物件摆放在哪里。如果儿童有意识地向所问物件摆放的方向看，就说明他已能大致记住该物件所摆放的位置；如果他能走到那个物件前，用手指着它，甚至把它拿起来，那就说明他已经记得很清楚了。

在此之后，成人换一些物件再问；或者把他已经熟悉的物件换一个位置摆放，过一两天后再问他那个物件放在哪儿，看他的反应能否跟着变换过来。如能，则说明他物品定位能力已经有很好的发展。

方位感和记忆能力是记住某一物品位置的重要前提。这一年龄段的儿童开始能记住自己所熟悉的物品通常摆放的位置。在做这一游戏时，一开始要注意选取幼儿最熟悉的物件，他所喜爱的玩具、动物或他所喜欢吃喝的东西，可能是最先被记住放在哪里的。若成人还不了解什么是孩子最熟悉的物件，就用多个物件试着问，只要他能答上一个就说明孩子能记住。此后，这一游戏的主要作用就是拓展孩子的记忆范围。

游戏79： 找伙伴

目的：了解幼儿最初朦胧的分类能力发展情况，促进幼儿分类能力的发展。

时间：1.5～2岁。

方法步骤：找一些幼儿常见的玩具或其他物品，如筷子、勺子、碗、茶杯、吸管、衣服和鞋子等，成人在一旁问孩子："什么和××常在一起？什么是××的好朋友？"例如："什么和勺子常在一起呀？"让孩子自己去选择或动手摆放。

在孩子摆放的过程中，成人可提供一些建议，或指出明显存在问题的归类，但不要强行要求孩子必须怎么做，或者断言什么是对的、什么是错的。

这个年龄段的孩子已能依据物件的功能对其进行简单的归类，如把吃饭的勺子和碗放在一起，把喝水的杯子和吸管放在一起。但这种分类严格地说没有逻辑依据，也没有标准答案，它只是儿童分类发展的一个过程，成人不要依据成人的眼光对其进行对错评判，而要更加注重在这个过程中儿童的自主体验和感受。在摆放物品时，尽可能放一些有明显的功能关联的物品。

游戏80：注意集中 ◀◀◀

目的：了解幼儿无意注意和有意注意发展的情况，锻炼他注意的稳定性。

时间：1.5～2岁。

方法步骤：呈现一个能足够引起幼儿注意的对象，如荧光灯、荧光棒，舞动它，看幼儿能一次持续注意多长时间，测量并记时，将记录作为日后进行此游戏的参考。

在日常与幼儿的玩耍中，注意观察他对哪种活动最感兴趣。然后选择他最感兴趣的活动，任由他专心地去玩（如让他看动画片、看成人的表演等），记录他能持续做多长时间——时间越长，无意注意的稳定性越好。

照上述同样方法，有目的地指令儿童去做某一件事（这件事不一定是他最感兴趣的），观察他能持续多长时间——时间越长，说明他有意注意的稳定性越好。

分析说明：

依据实验研究，一般对有兴趣的事物，1.5岁的幼儿能集中注意8分钟，1岁9个月的幼儿能集中注意8～10分钟，2岁的幼儿可集中注意10～12分钟，2.5岁时可集中注意10～20分钟。这类游戏应选在幼儿兴趣较高、精力旺盛时做，一天之内只宜做一次。在游戏时，成人应注意，幼儿有意注意的萌芽已开始出现，但能持续的时间很短。在不同日子里做这一游戏时最好，应调换玩具和玩的内容，以保持新鲜感。

游戏81：上下楼梯 ◀◀◀

目的：锻炼幼儿躯体、腿、脚和手的动作技能，增强其平衡能力和协调性。

时间：出生后23个月左右。

方法步骤： 选择一台阶高度适中的楼梯，然后把幼儿带到楼梯顶端，有一成人在旁边保护；隔几个台阶之下站着另一个成人，拿着玩具或食物逗惹孩子，让他双手扶着栏杆下楼梯。孩子下楼的时候，拿玩具的成人也相应地向下退，观察幼儿下楼时候手脚动作、躯干动作的协调性如何，一次可连续下多少个台阶。经过一段时间后，再用上述方式引导孩子从下向上爬台阶，看他一次能爬多少级。比较前后不同的两个时间段里，幼儿上下楼梯时各器官协调性的发展情况。

分析说明：

> 对于这个年龄段的孩子来说，上楼梯比下楼梯容易。刚开始时，幼儿还是用四肢一起下楼梯，爬上爬下动作一致，向下爬表现为往后退。到了一定的熟练程度后，身体越来越能够适应站立的状态，往往在从容地下楼时能扶着栏杆立身往下，在紧急时又会俯下身子爬。做这一游戏时，成人应注意保护儿童，同时一次连续做的时间不宜过长，而应根据儿童的体力情况、兴致高低来适度进行；并且在做游戏的时候，玩具和食物的激励方法要有效。

游戏82： "小人儿"爬山

目的： 锻炼幼儿手指动作的灵活性，促进其末梢神经的发展。

时间： 出生后23个月左右。

方法步骤： 成人先做示范，把食指和中指当作一个"小人儿"的两条腿，沿着孩子的身体从下向上"爬"。当孩子领会要领后，让小孩把手当作一个"小人儿"，将食指和中指当作小人的两条"腿"，将成人的身体（一开始可以先在成人的大腿或手臂区段玩）当作一座"山"，让小孩的两根手指交替着从成人身体的下方逐渐向上方"爬"，一边"爬"一边说"小人儿上山快快爬……"，爬到成人的头上后，可以再从脚底下向上"爬"。

当基本动作熟练后，成人可用拳头或手掌在"小人儿"路过的地方设置障碍，以此增强游戏的对抗性，看看孩子能否通过手指来灵活处理障碍或以绕道的方式解决问题。

当孩子的食指和中指能够自如活动后，再让小孩用中指和无名指、无名指与小指玩这一游戏，以练习增加这些手指的灵活性。

分析说明：

玩这个游戏不需要任何玩具和空间，随时都可以徒手进行。俗话说十指连心，心灵与手巧是一致的，锻炼孩子手指的灵活性可以起到促进其神经发育的作用。成人要耐心配合，除了坐着、站着，还可以躺着让孩子玩。成人在设置障碍时，有时可以让"小人儿"跨过去，有时则要让小人摔倒，这样玩起来才具有戏剧性，才能激发孩子继续玩的兴趣。成人用手指在孩子身上"爬来爬去"，也可对孩子起到按摩作用，尤其在孩子要入睡前，或在孩子因烦躁不安而吵闹的时候，可用这种方式让孩子安静下来。

游戏83： 听音乐

目的： 有效发展幼儿对乐音的敏感性，增强其音乐听觉能力，陶冶其性情和品格。

时间： 出生后23个月左右。

方法步骤： 选择不同的时长在一分钟左右的音乐，作为孩子早起、洗漱、吃饭、游戏和睡眠等生活起居的信号，尽可能选与活动相协调的、不同情绪类型的音乐，选好的音乐曲目在1~2个月甚至更长的时间内不要变化。

另外选择一组相对稳定的轻音乐，在游戏的时候播放给孩子听，给孩子一个感受、记忆音乐的过程。

接着播放一些幼儿喜欢的故事和歌谣，吸引他安静地坐上一会儿；播放有节奏的儿歌，成人带孩子随音乐做一些韵律活动，使孩子从中感知音乐节奏，获得用歌声和动作抒发情感的乐趣，并获得参与音乐活动的技能和艺术表现能力。可以选择一些节奏明快、短小活泼的歌曲或乐曲，带领孩子随着音乐节拍做拍手、招手、摆手、点头等动作，然后逐步增加踏脚、走步等动作。

根据孩子当时的状态，有针对性地选择一些音乐放给孩子听。譬如：当孩子情绪烦躁不安时，给他听一些亲切、活泼、有趣的音乐，帮助稳定、调节情绪，激发愉快的情绪；当孩子该睡觉却又很兴奋的时候，要给他听安静、柔和的摇篮曲，给孩子创造安静入睡的环境。

若孩子语言能力的发展充分，可以教孩子随着音乐有节奏地说儿歌，也可以拍着节奏说歌词，在会说歌词的基础上，随成人学唱适合孩子唱的歌曲。

分析说明：

早期儿童听音乐留有的音乐印象，会对他日后学习、感受音乐产生一定的影响。6个月以上的婴儿，已开始对美妙的乐声有感知；到2岁左右，儿童更倾向于听诗歌和歌曲，这不仅能发展宝宝的语言能力，还有助于让宝宝安静下来。这个年龄段的孩子参与音乐活动的方式方法主要还是听，需要家长为他创造听音乐的环境，给他以音乐艺术的熏陶感染。因此，为孩子选听什么样的音乐，怎样给孩子听音乐，就需要家长在仔细观察自己孩子的基础上认真考虑。一般而言，应选听一些优美、动听、和谐、高雅的音乐，以熏陶、感染的方式培养孩子开朗、活泼、健康的性情和品格；要注意选听一些不同风格、不同情绪的音乐，丰富孩子的感受。特别注意，给孩子听音乐时，音响要清晰、纯净，音量要适中或稍弱，连续听音乐的时间不要太长，每次听音乐以不超过15分钟为宜。长时间、大音量地听，不但对孩子无益，还会使孩子听觉疲劳、厌烦，甚至损伤孩子的听力。孩子手的动作发展得比脚的动作更早、更快更灵活。因此，宜先让孩子随音乐节拍练习手的动作，然后练习踏脚、走步等脚的动作，接着练习手、脚动作的合拍，逐步做到协调、灵活、优美。

游戏84： 自己做

目的： 了解并发展幼儿的自我意识，锻炼幼儿综合动作的能力。

时间： 2岁左右。

方法步骤： 首先，成人在给儿童戴帽子、穿／脱衣服、洗手洗脸时，边动作边说话，如"给宝宝穿衣""给宝宝洗手"等，使幼儿加深对各种生活服务的感知，并建立它们与语言的联系。

然后，先选简单动作让幼儿自己做，如自己脱袜、自己戴帽等，不久他就会产生遇事"自己来"的欲望。如走路时遇到障碍物要"自己过"，吃饭喝水要"自己端"，穿／脱衣服、擦鼻涕要"自己来"，甚至跌倒了也要自己爬起来。最后，他会形成一个典型的公式，即遇到生活中的每一件事都要"我自己（做）"，而且一面嘴里说，一面去行动。

分析说明：

"自己来"是儿童在2岁左右开始产生的一种愿望，这一愿望对儿童独立性发展起着很重要的作用。但由于这一段时期儿童心理发展水平还很低，动作还不自如，也不精确，孩子还不能正确地评估自己的能力，所以仍需成人提供引导、保护和帮助。成人不能因怕孩子弄不好，就干脆不让孩子自己动手。中国成人习惯于替小孩做事，这样不但不利于儿童身心的正常发展，而且会造成儿童与成人之间的冲突，导致儿童向任性、逆反方向发展。欧美国家倡导"自己做（DIY）"，但毕竟儿童"自己来"与他自身能力之间的矛盾一直要延续到成年，因此做好最初的引导、保护工作，意义十分重大。"自己来"也是个性和自我的具体体现，虽然他叫嚷着"我要这样""我要那样"，并未从是他在兴趣或利益上要这样或那样——他是要维护自尊，所以才会表现出执拗、抗拒，要求别人承认他的人格。这一时期儿童可动手做的事有：拿杯子喝水、用匙子吃饭（可能会撒落），自己穿单衣，扣易扣的组扣，洗手、擦鼻涕等。

游戏85：辨人开门（多级条件反射建立）

目的： 了解幼儿多级条件反射建立的情况，发展建立幼儿多级条件反射的能力。

时间： 2岁左右。

方法步骤： 两个成人（或年岁稍大些的儿童）：一个是与参与游戏的幼儿关系较亲近的A（例如妈妈），一个是引起他反感的B（如某位孩子已认识的邻居）。与孩子亲近的A先和孩子一起把引起他反感的B轰出门外。然后A也出去，并告诉孩子"等一会儿只有我叫门时你才开门"，并把门关好。过了一分钟左右，A来敲门，若儿童一听到敲门声就迅速把门打开，则说明他的多级条件反射尚未建立；若他先问一声"谁？"，在听到并确定是A的回答后才开门，则说明多级条件反射已建立，或者说他已具有了多级条件反射的能力。

分析说明：

多级条件反射又称链锁条件，是指第一级的条件反射成为第二级条件反射的刺激。本游戏中，敲门所引起的条件反射成为儿童发问"谁？"的刺激。一般来说，多级条件反射的最初级天长日久后会变成孩子的本能习惯，如本游戏中的"敲门声→门外有人→开门"即为第一级，而后一级"门外有人→谁？"则是在A出门时语词强化基础上建立的第二级条件反射。第二信号系统发展后，借助词的作用可以形成更为多级的条件反射，这种多级的复杂的条件反射链便成为儿童心理日趋复杂的基础。在玩游戏时要注意的细节是，A的语词交代要清楚，并保证孩子准确地领会了A所说的话，否则游戏就失真了。

游戏86：荡秋千

目的： 了解孩子平衡能力和方位感的发展情况，发展孩子的平衡能力、好奇心和冒险精神。

时间：2～3岁。

方法步骤：成人带孩子到公园里有秋千的地方，或在自家用支架和橡胶轮胎、帆布椅搭建成室内秋千（首先检查秋千是否安全）。

如果孩子自愿爬上秋千，轻轻晃动后也不觉得害怕，不妨逐渐增加秋千摆动的幅度，提高摆动速度，让孩子亲身体验到荡秋千是多么刺激和有趣。

如果孩子感到害怕，可以先由成人抱着孩子上秋千荡起来（仅限于大秋千，小秋千不宜两人同时上），让孩子在成人怀中先感受一下冲下来和飞上去的感觉。如果他感到好玩，就荡得更高点。练习若干次后，再让孩子独自上秋千荡起来。

在能完成基本摆动动作后，教会孩子通过腿脚的适当伸缩动作，为秋千加速，增加摆动的高度；或减速，直至让秋千停下来。若这一技巧运用得娴熟，秋千就能荡得很尽兴。

分析说明：

荡秋千是中国古老的传统游戏，能给人带来好奇、刺激、冒险、炫耀、自豪、征服和胜利等多样的心理体验。小孩子不只是喜欢荡秋千，几乎所有轻轻晃动的运动方式（如摇篮）都受到小孩子尤其是婴幼儿的喜爱，因为在被晃动（或者震颤、坐汽车时的颠簸）时他们能获得虚拟安全感的满足所带来的快乐。成人在游戏前一定要检查秋千是否存在安全隐患，特别要注意避免孩子的小手卡进链条中造成不必要的伤害。在荡的过程中，随着速度的加快，大脑除了需要对腿、身体的一起一伏、位置变化进行等调整，还要有方向感，知道自己在哪里、地面在哪里。带孩子荡秋千时，一定要提醒孩子：不要站在秋千上，更不要跪着，最好选择坐在秋千上；两手要紧紧抓住秋千的绳索，千万不要松开；如想停下，可以通过身体和腿脚的适当伸缩动作减缓秋千的摆动，最好等秋千完全停下后再下来，不要在高速摆动时贸然跳下来。应当提醒其他孩子不要在秋千周围停留，更不要在秋千周围打闹，否则可能会被荡起的秋千撞倒。

游戏87： 走平衡木

目的： 了解幼儿平衡能力的发展情况，发展幼儿的平衡能力，锻炼其胆量。

时间： 2岁左右。

方法步骤： 在地上画一条宽度大约相当于孩子一脚宽的粗直线，让孩子沿着这条直线行走，每一步脚都不要出线，出线即算失败，需重新再走（农村地区可在平地上堆一段土埂，供孩子行走）。

用两块砖（或木块）撑起一长条宽度适当的木板，让孩子在木板上行走。逐渐加高木板，看他能在多高的位置完成行走。

将一根圆木放在地上（固定好，以免滚动），让孩子在原木上行走，看他能稳步前行多远，教会孩子将两手臂水平张开，有助于保持身体平衡。

待孩子在上述各种情况下能稳定走完一段路后，再教他在平衡木中间做些动作，如举起双手表达胜利，挥动双手做出各种造型，（如叉腰、上举、侧平举、抱头、曲臂等；或者手中拿上一个物件，如伞、帽子、沙包、球、娃娃、积木等）。

分析说明：

走平衡木对孩子平衡能力的发展有着明显的帮助作用。可从易到难，如从地面到地上（逐渐升高），从宽板到独木（逐渐变窄），从平板到圆木（逐渐变得艰难），从单纯在平衡木上行走到做各种动作……通过这种方式不断发展幼儿的平衡能力。有一部分孩子可能会因此产生害怕的心理，故在活动器具的选择和活动方法上，要让他们有一个逐渐过渡、慢慢适应的过程。不同孩子在这方面的发展有明显的差异，成人可积极鼓励，但不必强求。

游戏88： 练基本句型

目的： 训练基本句型，发展幼儿的言语能力。

时间： 2～3岁。

方法步骤：

（1）在游戏71的基础上，继续训练幼儿学说简单句，同时引导幼儿说复合句（两个简单句的组合，如"不要你了，我自己吃"等）、复杂谓语句（如"我要跟妈妈去玩"等）。

（2）训练儿童说长句，重点说包含6～15个字的句子。

（3）在说话内容上，除了要说当前存在的或当前需要的内容，还要引导儿童说当前不存在的——过去的、未来的、外域的一些事情，例如说说"昨天做什么了""明天到哪儿去玩"之类的话题。

（4）注意谈人和物之间的关系，例如说说"妈妈睡大床，宝宝睡小床""小床妈妈睡不下"之类的句子。

（5）说些使用时间概念的句子，例如说说"今天玩累了，明天再玩""昨天下雨，今天下雨，明天还下雨吗？后天呢？"等。

（6）使用一些评价用语，如"冬冬不好""明明好""哥哥勇敢"之类。

（7）用语言来支配、组织最简单的活动，如边游戏边说"我当姐姐，你当妹妹""你出去，我关门等"。

分析说明：

2～3岁的幼儿已掌握了一些最基本的语言来进行交际，能同时使用3～4个词来表达自己的想法，能运用正确的语序说出较完整的句子，但仍处于初级阶段。情境性和活动性是这一阶段儿童语言的特点，因此成人在游戏中应注意语言与情境的联系，要边活动边说话，在各种不同的情境下与儿童多多交谈。除了上述提到的句式和内容外，还应注意到：儿童除了说些具体的名词、动词外，较为抽象的形容词、副词、代词也开始出现，并逐渐增多；甚至连最抽象的数词、连词，在幼儿2岁左右时也开始出现；幼儿开始会用否定词表达自己的观点，比如说"我不去了，我不吃了"等。这一阶段儿童言语训练的基本原则是：情境在先，活动相联，发音跟上，理解无偏。

游戏89：小跑步

目的：锻炼幼儿躯体、腿脚的活动能力及反应速度，增强幼儿体质。

时间：出生后26个月左右。

方法步骤：找一块平坦的场地，成人在离孩子4～5米远的地方向孩子出示有趣的玩具或食品，孩子便会自主跑步前进。成人在孩子跑过来的同时往后退，注意观察孩子跑步时步子是否稳、是否均衡、速度如何、能否准确有效地止步等。

待幼儿直线跑步较熟练后，成人还是在前面引导，让幼儿练习跑步过程中向左、右、后转弯的动作。

待幼儿能在平地上熟练跑步后，找一块有上坡（或下坡）的稍复杂的场地练习跑步，同样练习他的直线跑、左转弯、右转弯等动作。

分析说明：

跑步是儿童从这一时期就应开始的一项锻炼身体的基本运动，它能有效释放体能，对心血管、四肢、脊椎、内脏以及全身性的运动器官发育发展有着特定的作用，是最简单、最全面、最有用的一项运动。初跑时，不宜让他跑得过多、过快，同时应做好安全保护，防止其跌跤。待孩子稍大一些，逐渐增加他跑步的机会和距离，以锻炼他的体力和反应能力。跑步是儿童身体常规的多功能锻炼，成人有空就应该抽时间和小孩一起跑跑，或者通过玩球及其他一些活动来促成跑步，亲子最好能养成定时跑步的好习惯。

游戏90： 淘金

目的：训练幼儿手的灵活性，使幼儿获得对流体及其裹挟颗粒物运动的感知。

时间：2～3岁。

方法步骤：准备一个水盆，在水盆中装入占其容积2/3的水（以免玩的时候因水过多而溅出）。给孩子一个可以舀起水的小瓢，在瓢中放入大小不等的沙粒、米粒、豆子等若干。成人先示范；孩子瓢口朝上，将瓢放入水中，待水没及瓢口时，再让瓢口倾斜将水倒出，这时就会有一些比重较轻的颗粒随水倒出。如此连续多次，最后剩下的是比重最大的几粒"金子"。

淘完一次之后，可以再放入一些沙粒等到瓢中，让孩子继续玩。反复若干次后，就让孩子直接用瓢从盆底捞起沉淀下去的颗粒，如此不断地玩下去。

如家庭条件许可，可将这一套器具和材料放在一固定位置，孩子想玩的时候可随时玩，引导孩子观察：什么常常是被最先淘出来的？什么是常常剩下来的"金子"？游戏过程中，各种颗粒被淘出的先后次序又是怎样的？

分析说明：

这个年龄段的孩子喜欢玩水玩沙，或用器具将沙子、水和泡沫颗粒倒来倒去。正是利用孩子的这一天性，该游戏可培养孩子手的灵活性、手眼协调能力，使他对流体运动、不同物质的性质等获得常识性的感知。成人既不要因为觉得会把家里弄得又脏又乱而不让孩子动手，又要注意卫生，不要用有毒的颗粒和液体。孩子在玩的时候，如果把身上弄脏了，也应及时清洗。有条件的话，成人可在室外或野外找地方带着孩子一起玩这一游戏。

游戏91：　找熟人　◀◀◀

目的：了解孩子客体永久性认知的发展情况，提高幼儿客体永久性认知的能力。

时间：2～3岁。

方法步骤：在和孩子玩的过程中，问孩子某一位不在当场的人在哪里，看他能否到这个人经常起居或活动的地方去找。比如，妈妈现在不在眼前，就问他："妈妈在哪儿？"看他能否到妈妈经常待的地方去找，如果能，则说明他已经形成了初步的客体永久性认知。

用类似的方式问："爷爷在哪里？""奶奶在哪里？""爸爸在哪儿？"看他能否到爷爷、奶奶和爸爸所在的房间去找他们。

如果所找的人不在房间里，看他能否到这些人经常活动的场所（如公园等）去找他们。

分析说明：

儿童认知发展理论认为，知道哪个人常在哪里、哪件物品常放在哪里，或者是上次把物品放在哪里，或者能注意到哪个人现在不在场，这些都是客体永久性认知。有了这种认知，表明儿童的认知已具有初步的恒常性。依据皮亚杰的认知理论，客体永久性通常出现在感知运动阶段。如果孩子尚未有这种感知，也不要着急，可随时试着了解孩子在这方面发展的情况；如果他已经能很快地找到熟人，可以通过扩大找人的范围来将游戏继续玩下去。

游戏92：　盯物　◀◀◀

目的：了解幼儿注意的发展情况，提高幼儿注意的有意性、集中度和持久性。

时间： 2~3岁。

方法步骤： 选择一个能令孩子感到新奇的对象，（比如小灯笼），将其放在某个便于孩子观察的位置，看看他一次能注视对象多长时间。

再把小灯笼拿起来舞动，舞出各种各样的图形，如左右、上下、转圈等，看看孩子一次能连续注视多长时间。

把灯笼交给孩子，看他一次能玩多长时间。

带孩子外出时，当他看到新奇的事物，也会一直盯着，成人可观察他能一次盯多长时间。

分析说明：

这个年龄段的孩子开始能够长时间地注视一个对象，甚至全神贯注地分析一种情况。例如：看别人打网球时，他会一直盯着运动状态的球；看到野外的猫或小狗，孩子会一直盯着它行走。这是好奇心驱使下的"正常现象"，成人陪伴时要有耐心。在盯物的过程中，要避免孩子长时间看强光，这样会伤眼睛。还要特别小心的是，当孩子全神贯注地盯着某一对象时，可能会顾不上身边的其他情况，有可能发生危险，轻则碰头、跌跤，因此严重时还会有更大的危险情况发生，成人要在一旁做好保护工作。

游戏93： 折纸

目的： 锻炼幼儿手的灵活性、协调性，并促进幼儿对形体的初步感知。

时间： 2~3岁。

方法步骤： 准备一些纸片，成人和孩子坐在桌边，成人拿一张形状不规则的纸片，握着小孩的手，教他把不规则的纸折成近似矩形、近似正方形、近似三角形、近似菱形的形状，或者动物、家具的轮廓形状。

然后让儿童自己折，观察他折的动作是否敏捷、灵活，折成的形状是否大致相似，看他想折出某种形状的意图能否通过手的动作实现。连续练习一段时间后，看其进步如何。

成人可根据自己所观察到的孩子在折纸中遇到的困难和问题，帮助孩子解决一些困难；也可以亲自折一个青蛙、飞机或其他形状，给他做示范。

分析说明：

折纸是一门精湛且高深的技艺，既能创造出多样生动的立体形象，又是一项十分有趣的活动。这一游戏只是开端，不能要求过高，折成的形状也不必要求很符合标准，主要目的在于在折纸的过程中使幼儿手部肌肉运动，促进幼儿大脑相应部位的发育，促使幼儿初步形成空间知觉，并在折叠出新形象的过程中激发幼儿的创造性，培养幼儿的审美能力，愉悦幼儿的身心。成人要在开始时稍开个头，以后若孩子感兴趣，随时都可以让他去摆弄。但之后折成的近似矩形或其他形状，应要求他越来越标准化。幼儿大约到31个月大时，可以要求他折成近似正方形。

游戏94： 串珠

目的：锻炼幼儿手的灵活性、手眼协调性，并促进其脑机能的发展。

时间：2～3岁。

方法步骤：找一些有孔的空心玩具，如"项圈""手镯"等，教孩子用一根绳子把玩具串起来，然后拎起来抖一抖，玩具可能会发出一些声响，以此引发孩子的兴趣和好奇心，激发孩子对串珠的兴趣和动手操作的欲望。

当孩子有了欲望之后，成人便可以用示范讲解的方法教孩子串珠了。准备一些珠孔较大的算盘珠（或其他空心珠子）、一条稍粗稍硬的线绳，成人手把手地教幼儿用线串珠，但不要包办完成。

串了若干个后，让孩子自己串，观察他动作的速度和准确率如何。练习一段时间后，若孩子能顺利熟练地操作，则换用颗粒较小、珠孔较小的珠子和较细的线来做这一游戏。记录他在规定的时间内能串多少个、每次可连续串多长时间。

分析说明：

一般2岁半以上的孩子都会对串珠感兴趣，由于每个孩子的敏感期不同，成人要依据自己孩子的实际情况选择是否或如何做这一游戏。刚开始时，可选择一些体积较大、洞眼较大、颜色鲜艳、较扁平的串珠，用的绳子应粗硬些，如玻璃绳、细的尼龙绳、鞋带等。如孩子感兴趣，掌握了正确的方法和技巧后，可逐渐提高串珠的要求，提供洞眼小，颜色、体积、形状各异的串珠给孩子串，绳子也细软一些，难度也可以增加；甚至可要求他边串边数数，让他自己数出一共串了多少个，这样就将手的动作与数数结合起来了。成人要特别小心的是：两三岁的孩子喜欢把玩具放进嘴里"尝一尝"，或是塞进鼻孔里"闻一闻"，因此玩串珠前必须告诉孩子：串珠是用来玩的，不能把串珠放进嘴里、塞进鼻孔和耳朵里，否则后果很危险的。不玩这一游戏时，最好将珠子放在孩子拿不到的位置。

游戏95： 握笔画线

目的：锻炼幼儿手的动作，使幼儿初步感知线与图形。

时间：出生后29～32个月。

方法步骤：让孩子端坐在桌边，准备好纸和铅笔（或圆珠笔），将笔放到孩子手中，教他用正确握笔法握住笔杆，然后成人手把手地教他画横的和竖的直线。画了几次后，让他自己画，观察他握笔是否正确，运笔是否稳重，线画得是否均匀、平直。

此后，若有空余时间，就把纸和笔交给他，让他随意地画，成人偶尔稍作指导即可。孩子大约32个月大时，成人可教他画三角形、四方形和圆形，以及一些动物、食品（如苹果、饼干等）的轮廓图形，边画边引导他说出画的是什么。成人要与孩子一起边讨论边画。

分析说明：

2～3岁的儿童一般能拿起笔在纸上任意涂画，既画不成直线，也画不成图形，或圆画不闭合。但经过一段时间的练习，他就会有所进步。本游戏第一是教儿童拿笔，所以教好他正确的握笔方法是关键的一环。一般孩子会用整个手掌握笔；3岁时应教他学会用拇指、食指、中指握成三脚架的方式握笔。由于这一游戏需要儿童有一定的意志力，而这一时期儿童的意志力还很差，所以成人要选好时机，热情引导，如果儿童不想画就不必强迫；若他想画，也不必规定要画多长时间。画各种图形时，可将各种图形与儿童吃的食物联系起来，如把画四方形说成是画方饼干、把画圆形说成是画苹果等。这样就能增加孩子的兴趣，有助于感知。

游戏96：　抛掷

目的：锻炼幼儿手臂的活动能力，及其手、躯体、腿、脚及上肢各部位的力量和协调能力。

时间：出生后30个月左右。

方法步骤：寻找一块开阔地，把孩子带到那里。成人拣若干碎石块或大小适中的玩具块，先示范着抛掷一次，然后让小孩抛掷。观察他能抛多远，抛的方向是否有一定的指向性，抛的时候手臂能否伸展得开，躯体是否配合，脚跟是否站得稳。

　　在孩子学会简单的抛掷技巧、能掌握大致的抛掷方向后，选择一个目标对象，让孩子向着目标抛掷。一开始可以选择范围较大的目标（如一块地），待熟练后，再逐渐缩小目标范围（如缩小至一块石头）。

　　为了激励他，可多次变换投掷物和目标。

分析说明：

　　抛掷是儿童日常生活中很重要的技能，也是锻炼身体的一项重要活动，成人只需稍做引导，儿童就会积极地去做。一开始可让他用左手、右手都抛上一抛，这样对左右两侧身体肌肉甚至左右脑的平衡发展有利。儿童初学抛掷时，常会因为不能保持平衡而跌倒，成人应注意加以保护。另外，还要注意不能让抛掷物损害庄稼、建筑或打中他人。孩子练习一段时间后，可教给他一些抛掷的技术要领，并观察他对成人所说的动作的理解能力。

游戏97： 预见活动

　　目的：了解幼儿通过言语来预见活动后果和计划活动进程的能力，并锻炼这一能力。

　　时间：2~3岁。

　　方法步骤：给孩子一个小皮球，让他自由自在地玩，观察他玩的动作是否有一定预见性，如把球往哪个方向抛，动作的结果（即球的落点）是否与他的意图相一致。

　　如果球滚到床底或他拿不到的地方，他是直接钻到床底去拿球（无预见性动作），还是想出其他方法或借助其他工具（有预见性动作）把球拿出来？若他直接钻到床底去拿球，成人可提醒他："先想一想，怎么办好？"若他能想出用木棍或扫把将球掏出来，则说明他已有一定预见性；若他回答："不是要想，要拿球。"或是犹豫了一会儿就把注意力转移到别的事情上去了，则说明其预见能力还很弱，或几乎没有。

分析说明：

　　这一游戏主要是为了了解幼儿对自身行动后果的预见能力如何，成人的提示可以给幼儿一个思考的机会，也可以促使幼儿在今后的活动中注意观察，但不能改变儿童预先性发展的状况。在日常生活中，只要成人留心观察儿童的活动，无须特地安排，随时都可找到机会玩这一游戏，经常做这一游戏可促进儿童心理的发展。预见性又是与孩子在当前所面对的问题的复杂性直接相关的，所以整个儿童时期她（他）都可以做这一游戏。当然，随着年龄的增长和心理发展水平的提高，游戏的内容方式和难度应不相同，预见时间的长短也不相同。

游戏98： 亲子梯

目的： 拓展幼儿视野，促进幼儿空间和方位感觉发展。

时间： 2～3岁。

方法步骤： 成人蹲下，让孩子双脚分开坐到成人肩膀上，成人做缓慢的站起、蹲下、站起的运动，让孩子体验上升和下降的感觉，同时观察周围空间、方位与观察对象的变化。

　　小孩依然坐在成人的肩上，成人身体不断旋转，或跑步转圈，或上下坡，让孩子体验成人身体运动时自己所观察到周围的空间、方位与观察对象的变化。

　　还可以变换其他形式玩这一游戏，如跑步、跨越障碍、跳舞等，可依据当时当地的情境发挥。

分析说明：

　　中国民间有个传说，说一位孩子骑在父亲肩上去应试，考官出了个上联"子骑父当马"，儿子对了句"父望子成龙"，可见孩子骑在父辈肩上也算是有很久的历史传统了。事实上，孩子很喜欢骑在成人的肩

分析说明：

上，主要原因是孩子的个头小，骑在成人肩上能够看得更高更远，整个视野都改变了。但很多成人仅把它当作一种姿态，没有当成游戏，事实上只要改变孩子在成人肩上坐着的状态，就可以玩出很多游戏，既给亲子带来乐趣，又能有效促进儿童空间与方向感的发展。在玩这一游戏时，成人和孩子都要注意安全，成人主要防止扭伤，孩子主要防止跌下，在玩的全过程中成人要抓紧孩子的两只手。

游戏99：模仿成人活动

目的： 引导幼儿做各种模仿游戏，促使他身心正常发展。

时间： 2～3岁。

方法步骤： 观察幼儿日常的活动，当发现某种模仿成人活动的游戏出现时，成人便用语言鼓励他，比如当女孩把玩具娃娃抱在怀里用手拍时，成人在一旁说"宝宝抱小妹妹啦"，她便也会跟着说。

成人可有意识地教幼儿做各种各样的角色游戏，有时即便不用教，他也会模仿着做，比如：用匙子"喂"洋娃娃、小狗，用手帕给娃娃"盖被子"，用棍子当小马骑或当枪使，模仿写字，用小刀"切菜"，用扫把扫地，用小锄头锄地等。

分析说明：

这一时期是儿童开始模仿成人活动的模仿性游戏活动出现的时期，它是在幼儿动手玩弄物体动作的基础上发展起来的，几乎没有想象成分，也无事先计划，游戏内容非常简单、不连贯，离不开实物和玩具的支持。儿童只是独自玩，还没有什么角色，也不能遵守什么规则，有时在游戏中会一会儿自己说话，一会儿代替妈妈说话，一会儿又代表娃娃说话。这些特点与儿童感知的经验少、表象贫乏、思维的直觉行动性及

分析说明：

其对自己活动的控制和支配能力差等心理因素分不开。成人不必按成人的想法和尺度对这些活动进行校正，只需不加干涉，尽可能鼓励他去多多地玩。

游戏100： 做小当家（有目的的生活活动）

目的： 引导幼儿有目的地进行一些生活自理的活动，并适当引导其发展，使其养成良好的生活习惯、学习简单的生活常识。

时间： 2~3岁。

方法步骤： 在游戏99儿童模仿成人的动作时，成人就应及时抓住机会，问他会不会，让他亲手操作，并把他教会。

比如他要拿勺吃东西，成人就认真地教他拿勺，直到他学会。尽管他把饭食送进嘴里的动作不够准确，饭也会洒落，但也要尽可能地让他自己舀着吃。

类似的活动动作有：拿碗，用肥皂洗手，用便盆（或到便池、马桶）大小便，用手绢擦鼻涕，穿/脱衣服、鞋袜等。

此外，还可根据孩子的意愿，让他从事一些简单的服务性活动。如拿点小东西、摆碗筷、抹桌子、搬小凳子、拔草等。

分析说明：

儿童在最初进行生活活动时比较笨拙，容易出差错，如把鞋穿反、把袜底穿到脚背上、扣错纽扣等，且动作较慢。成人宜耐心纠正，不要责怪，以免挫伤他动手的积极性。儿童在不断练习的过程中会逐渐熟练起来，其基本生活能力也发展起来，逐渐从单纯由成人照料的对象变为活动的主体。儿童通过这些活动可了解物品的属性和用途、物品与生活活动的联系，学会对外界事物的操作，从而促进心理各方面的发展，尤其是思维和心理活动随意性的发展，由"手巧"实现"心灵"的目的。

游戏101：辨物认人

目的： 了解幼儿感知觉发展的精细程度，并发展幼儿的感知能力。

时间： 2～3岁。

方法步骤一： 先练习的几个声母分别是：b与p，d与t，n与l，g与k，zh与ch、c、s、x。成人发音，让孩子跟着学并把它们区分开来，看准确率如何。

方法步骤二： 将一七色彩盘呈示在孩子面前，让他说出各种颜色的名称，注意他最先能说出什么颜色、还说不出哪种颜色。一般儿童最易掌握黄色，其次是红色，再就是绿色，最难掌握的是蓝色，黑色则往往分辨不出来。

方法步骤三： 选一张画面上有男女老少的画（或连环画、照片等），让儿童看画，并说出哪位是爷爷、哪位是奶奶、哪位是阿姨、哪位是叔叔、哪位是哥哥、哪位是妹妹。看他所说的准确率如何。

分析说明：

这一游戏对锻炼儿童最初的观察力有重要的作用，除了可在适当的时候集中进行外，也可在日常生活中分散进行，遇到什么情景就提出什么问题。除了上面提到的听觉辨别、视觉辨别外，还可进行嗅觉、味觉、触觉等方面的辨别。辨别形式也可多种多样。如：辨声，可选择各种动物的发声、各种机动车发出的声音等；辨形，可辨别猫与狗、老虎与狼、猿与大象等；嗅觉辨别，可用各种不同的香皂、香水进行分辨；味觉辨别，只需用不同的食物；触觉辨别，就让他用手摸粗糙程度不同的物体。

游戏102： 下飞行棋

目的： 了解幼儿智力发展的精细程度，让孩子初步形成规则意识、程序意识，并发展幼儿的人际交往能力。

时间： 2～3岁。

方法步骤： 选择棋子较大、棋盘比较简单（有飞行路线和停站点即可）的一套飞行棋，使用最简单的下棋规则，通过轮流掷骰子或者前面做过的"锤子剪刀布"游戏的输赢，来确定哪方的棋子可以向前走，谁先走到终点谁赢。

掷骰子的规则是：只有在掷得6点后，方可将一枚棋子由"基地"起飞至起飞点，并可以再掷骰子一次，从而确定棋子的前进步数。在游戏进行过程中，掷得6点的游戏者可以连续投掷骰子，直至显示点数不是6点或游戏结束。

熟练掌握上述的简单玩法后，可逐渐转向使用规范的飞行棋盘，按照规范的飞行棋游戏规则（相关规则可遵从棋盘上的说明）玩此游戏。

分析说明：

棋类是人类古老的益智游戏之一，小孩可以先从简单形象的飞行棋开始玩起，稍大些则可以玩跳跳棋、军棋、五子棋、象棋等。玩的过程中，输的一方可以依照赢的一方的要求做各种表演，如唱歌谣、学小动物叫或背儿歌。借此机会，成人可以与孩子进行更多的互动。待儿童熟悉简单玩法后，再逐渐完善，使用规范的棋盘，逐步增加连投奖励、跳跃规则、撞机规则、迭机规则等。增加规则时，每次只增加一种，以便孩子能慢慢适应。在传统飞行棋规则里，玩家要刚好走到终点处才能算到达，如果玩家扔出的骰子点数无法刚好走到终点处，那么多出来的点数，棋子还得往回走。

游戏103： 相对辨认

目的： 了解幼儿复杂知觉（即时间与空间知觉）的出现与发展情况，并促进其发展。

时间： 2~3岁。

方法步骤： 把两个苹果分别放在距幼儿不同距离的位置上，问幼儿哪个大、哪个小，哪个远、哪个近，看他的回答是否正确。

成人指着房子里的摆设，让孩子说出这些摆设的位置，如在天花板上、桌子上、桌子下、床上、床底下等。

成人领着孩子到一处常去而又不远的地方时，成人故意说忘了回去的路怎么走，让儿童带路回家，看他能否走得正确。

孩子常常会乱扔玩过的玩具和用过的东西，以至于下次再想要时又找不到。成人可告诉他将玩具放在一个固定的位置，一段时间后，看他能不能这样做，能不能迅速准确地找到自己的玩具。

2~3岁的幼儿常说"今天""明天"和"后天"，成人要注意他所说的事件发生的时间是否与时间概念相一致，其中不一致的次数占多大比例。当孩子的表述出现误差时，成人应再追问一句："是明天吗？"

分析说明：

随着动作和活动的增加，特别是随意行走的发展，儿童的各种复杂知觉也初步发展，特别是时间知觉和空间知觉。但这一时期儿童的时空知觉还很不准确，比如他们会把很久以前的事说成是"昨天"或"刚才"，有时在楼下看到楼上的妈妈便伸手要妈妈抱。成人对这些错误可适当地用词语进行纠正。但时空知觉的发展需要一个过程，不可能一次纠正就把问题解决，成人应耐心地让孩子进行较多次的实践体验、练习。

游戏104： 完成指定任务

目的：了解幼儿有意注意的出现及行为能力的发展情况，并锻炼其有意注意的稳定性，增强幼儿行为能力。

时间：2～3岁。

方法步骤：交给孩子某一项任务，比如看看室外是否在下雨、爸爸回来没有，或其他生活活动。只要他能顺利准确地完成其中的一项，便说明他的有意注意已开始出现，孩子开始能有意识地完成一项任务。

确认幼儿的有意注意出现后，把一堆混杂在一起的有着各种颜色的纸条或玩具放在他面前，要求他把相同颜色的纸条（或玩具）堆放在一起（或放入相同颜色的盒中），注意观察幼儿能持续进行多长时间——时间长则说明其有意注意的稳定性好，行为能力较强。

分析说明：

成人交给孩子一定任务，孩子在完成任务的过程中必须使自己的注意服从于所要完成的任务，并通过自己的动作行为去实现目标，这有时需要一定的意志。有意注意也就从此萌芽，并在这一过程中受到锻炼。一般2～3岁幼儿的有意注意能持续18分钟左右，并且他们已具有一定的行为能力。所以这段时间是锻炼和发展儿童有意注意与行为能力的重要时机，孩子也能有意识地做一些力所能及的小事。成人应抓住时机，经常交给孩子一点任务，让他去完成力所能及的任务，以培养他的行为能力。

游戏105： 说到做到

目的：了解幼儿心理活动和行为活动随意性的发展情况，促进幼儿活动目的性的发展。

时间： 2～3岁。

方法步骤： 在给儿童进行疫苗接种或打针前，成人应当鼓励一番，比如说"宝宝勇敢，不怕打针""打针时不哭"，并教儿童打针时亲自说"不哭"。若他真能在打针时说"不哭"，并可以真的忍住不哭，则说明其随意性已发展得很好；若不能做到，则还需要锻炼。

类似的做法还可在儿童跌跤或索要什么东西时进行。比如他在看到别的小孩吃点心时说"我要……"，可能就非要不可，说"我不要……"就能真的不要。有的小孩在遇到一些诱惑的时候能说"不要"，并能做到，这就表明他活动的随意性已得到较好的发展。

分析说明：

随意性中的"意"字可以解释为目的，不同于日常生活中讲的含有随便之义的"随意"。儿童活动的随意性又可解释为有目的性，即是说儿童活动是在目的和意志的支配下进行的。活动的随意性是儿童心理发展的一项重要指标，所以成人应尽力促其发展。具体方法是在平时与儿童的互动中，常常告诉他为什么要这样做、不能那样做，告诉他这一活动的目的是什么。当然也不能急于求成，因为这一时期儿童的意志力还较弱，很多地方还不能做到随意，成人不能过高要求孩子，而应有意识地通过一些游戏或活动来提高孩子的行为随意性。

游戏106： 做到想到

目的： 了解幼儿最初的思维发展情况，锻炼幼儿的直觉行动思维能力。

时间： 2～3岁。

方法步骤： 观察幼儿的活动，看他能否在外界影响下产生一些思维活动，比如女孩看到布娃娃时，便把布娃娃抱起来，边用手拍边说"妹妹要睡，不哭，不哭"；看到鸡在鸡笼里扑腾，孩子便说"妈妈，鸡要出来"。

孩子若有这样的表现，则说明他的直觉行动思维已开始出现。

再在幼儿的活动中观察他的概括性如何，比如在他能叫出"灯"的名称后，把各种不同类型的灯一一指给孩子看，并问他"白炽灯是灯吗？""台灯是灯吗？""日光灯也是灯吗？"之类的问题。若他能答对其中的一部分，则说明他已具备了概括能力——答对的正确率越高，说明概括性越好。然后让儿童把各种不同的玩具按大小、颜色、形状加以分类，看他完成得如何。

把某件儿童感兴趣的玩具放在比较高的地方，当他发现后，观察他的反应。他可能做出的反应有：

（1）自己把手向上伸，嘴里说"拿"。

（2）自己搬椅子站上去或拿棍子把玩具掏下来，或把成人拉到那个位置让成人替他拿。

（3）成人问他怎么拿时，他能用语言回答出来。

这三种反应的思维水平是由低到高的。

分析说明：

思维是人类非常重要的一种活动，2～3岁儿童思维的主要特色是直觉行动性，也就是说他的思维活动总是跟对物体的感知及儿童自身的行动分不开，做什么时才想到什么。他只能考虑到自己动作所接触的事物，在动作中思考，离开了动作就不能思考，因此缺少计划性和预见性。他要画画，拿起笔来画出来的像什么就说画的是什么，而不是想画什么就画什么。与直觉行动性相对的是概括性，而概括性又与儿童的语词发展关系密切。若儿童词语能力增强，他的概括性能力就提高，他思维的直觉行动性因素就会相应减少。因此，可让儿童经常做些分类游戏，成人用词语告诉他各类的名称，以提高其概括水平。

游戏107： 称"我"

目的： 了解幼儿自我意识的发展情况，引导幼儿进行自我评价。

时间： 2～3岁。

方法步骤： 成人要留意幼儿在什么时候被问到自己的活动时，他会说出"是我"这句话来。

当幼儿做出某一动作造成后果时，成人就在一旁问："这是谁搞的呀？"并给出适当的评价。例如，儿童把皮球推到远处，成人就问："谁把皮球推到那边去了？力气真不小！"当他把地弄脏了，成人就问："谁把地弄脏了？不讲卫生。"尽管当时幼儿可能不会说"是我"，他会笑一笑或做出其他相应的反应，但他心里会逐渐增加对自己的感知，经过一段时间后，他就会回答"是我"。

在幼儿对自己有了一定的感知并会说"是我"后，成人应教会他说"我"的具体含义，并告诉他他所说的"我"就是指他自己，告诉他"我"与他的名字的关系。然后在幼儿的各项活动过程中，教他对自己的活动作出评价，如"我乖""我不乖""我错了""我是好孩子""我不是好孩子"等。

此后，当成人有意识地指着小孩的玩具、衣服等，问孩子："这是谁的呀？"孩子就会说："是我的。"

分析说明：

能说出"我"字是儿童自我意识发展的一次飞跃，即说明他已从将自己当作客体发展为将自己当成主体，这说明他对自己的认识已带有很大的概括性。不同的孩子自我意识发展的快慢不一，一般幼儿大约在2岁左右就可达到这一水平，所以成人至迟应在儿童半岁左右给孩子取名。因为在达到说"我"的阶段前，孩子要经过对自己名字的了解阶段，当别人叫他的名字时，他知道别人是在叫自己，再加上阅读中对第一人称"我"的体会，渐渐掌握代词"我"。这时他已能把自己与别人、

分析说明：

自己与客观世界区别开来，意识到自己与别人的关系。成人要常对儿童动作及其结果作出各种评价，这对儿童自我意识的发展起着很重要的作用。

游戏108：寻找好奇方向

目的：了解幼儿好奇心的强度和方向情况，并加以适当引导。

时间：2～3岁。

方法步骤：观察幼儿的活动，看他是否对外界环境中的一切东西或变化都想摸一摸、瞧一瞧，或敲敲打打，或问成人"这是什么？""那是什么？""这为什么？""那为什么？""这怎么样？""那怎么样？""这是多少？""那是多少？""这是什么时候？""那是什么时候？"之类的问题。这类活动和问题越多，说明其好奇心越强。

成人应有意识地统计一下孩子活动和提问的问题主要集中在哪个方面，那么哪个方面就是他好奇心的方向。为使孩子的好奇心免于单一，成人可适当进行引导调节：对需要抑制的方面少予回答或表现为不高兴；对应强化的方向则一旦他有所举动或提问，便加以赞扬或迅速回答；对他从未涉及的方面，成人可向他提些问题，启发他思考。

分析说明：

好奇心是儿童认识活动的重要前提，因此应注意培养儿童的好奇心。对那些对外部环境不甚关心或绝对不关心的儿童，成人可先向他提问，引导他观察、思考，然后再做出解释，激发他的好奇心；一旦他提出问题便迅速回答，并加以赞扬。对那种只简单提问"什么人""为什么"的儿童，则应适当加以抑制，以便给他深入思考的机会。成人还应引导孩子通过自己的观察、思考回答自己的疑问，避免孩子将成人当作什么都知道的

分析说明：

"答题器"，产生依赖思想和被动意识。对于一时答不上的问题，成人可告诉孩子："我们一起去探索吧。"

游戏109：感物生情

目的： 了解幼儿情绪、情感的发展情况，在幼儿社会情感开始萌芽时培养其最初的道德感、理智和美感。

时间： 2～3岁。

方法步骤： 观察幼儿在与亲近的人别后重逢时是否会产生愉悦情绪，在别人痛苦（如哭泣）时是否会表现出同情，受到称赞时是否会表现出高兴，受到责骂时是否会感到烦恼、羞耻、惧怕等。此外，还应注意当别人在某方面表现得比他好时，他是否表现出妒忌，见生人时是否怕生，在黑暗中是否怕黑等。若出现后几种情况，成人应尽可能找出原因，予以校正。

观察当别人对他的活动结果或某方面表现作出诸如"好""不好""乖""不乖""坏""好看""可恶"之类的评价时，他的反应如何，看他是否会根据成人的评价表现出爱或憎的情绪。

观察孩子在同伴跌倒、丢失东西或受到其他不幸时，是否会站出来给予帮助，如扶起跌倒者，抚摸他，弹去他身上的灰尘，让玩具、让坐位、分食物等。若有此类表现，则说明其友爱情感已开始萌芽。

观察孩子在问"为什么"后得到回答时，在将感兴趣的事做成功时，他是否因此而感到高兴。若有此表现，则说明其理智感已开始萌芽。

观察孩子在欣赏图画、看动画片、听音乐时是否比平时高兴。若有此表现，则说明其美感已开始萌芽。

分析说明：

　　情绪情感是人对外界事物态度的体验，1～3岁是儿童情绪、情感发展的关键期，它对日后的行为发展有着重要影响，有人将认得情绪、情感的能力称为"情商"。在孩子情绪、情感的发展过程中，成人的抚爱、逗弄，特别是母性的照顾，起着非常重要的作用。在各种情感中，这一时期最重要的是教他如何爱人，教他产生正常的爱的情感，而这种情感又要在与他人的交往活动中去锻炼、陶冶和培养。总的来说，儿童这一时期的情感是易变的，直接受当时的活动影响，不深刻、不系统、不易控制。成人应像重视孩子智力发展那样重视孩子情感的发展。

游戏110：选而不给

　　目的：了解幼儿情绪的稳定性情况，并发展他的情绪稳定性。

　　时间：2～3岁。

　　方法步骤：成人同时拿三个玩具给幼儿看，问他愿意玩哪个，待他说出之后，并不将他想要的玩具给他，而是在另两个玩具中任意选一个给他，并说："先玩玩这个吧。"观察他的反应。

　　接着可能发生的情况有：

　　（1）孩子安静地玩成人任意给他的玩具。

　　（2）孩子等了三分钟后，成人还不给他所要的玩具，于是孩子开始有抗议举动。

　　（3）孩子一开始就抗议，拒绝成人任意给他的玩具，并哭闹起来。

　　这三种表现背后的情绪稳定性由好到差，看看你家孩子属于哪一种。

　　如果孩子的情绪稳定性较好，就不要再这样玩了；如果孩子的情绪稳定性不好，试着过一段时间后和小孩子说说道理，告诉他以后应该如何处理，让孩子情绪稳定。

分析说明：

　　儿童情绪的稳定性是由生理因素的气质和环境、教育共同决定的，特别是平日里成人对儿童的态度，起着很重要的决定作用：娇惯或过分溺爱必然导致其情绪不稳定、产生极端情绪；而长期不能满足孩子的需求（如现在众多的留守儿童的需求）则会使孩子产生自卑情绪。因此，成人应根据孩子的特点，对其需要给予适度满足，既不能要什么就给什么，又不能不顾孩子的基本需要。应抑制他的不良情绪的发展，引导他发展稳定的情绪。

游戏111： 共用玩具 ◀◀◀

　　目的： 了解并发展幼儿的合群性，抑制攻击性，避免防御性，培养合作性，使他学会与他人合作、共享。

　　时间： 2～3岁。

　　方法步骤： 将孩子带到几个小伙伴中间，给每人一件玩具，但每个人的玩具都不一样。观察他们的活动。

　　可能出现的情况有：

　　（1）儿童觉得自己手上的玩具不如别人的好玩，于是拿自己的与别人交换着玩，并达成"协议"。

　　（2）扔掉自己的玩具，不吱声地在那里生闷气。

　　（3）直接从他人手上抢夺自己认为更好玩的玩具，甚至打人、咬人。

　　这三种表现背后的合作性由好到差。

　　还有一种类型，就是当别人抢走自己的玩具时并不作声，或是抹抹眼泪，拣起别人丢下的玩具。这是一种防御型，也属于合作性不好的一种类型。

　　儿童之间为争玩具发生矛盾时，成人应劝导双方达成"协议"，让他们相互交换着玩一会儿。

分析说明：

　　不同玩具之间原本没有多大差别，但孩子们常常会有"别人的总比自己的好"的心理。这一游戏所描述的是以动作发生者为主体的；作为动作对象的另一方面，也可能表现为合作与不合作、攻击他人或完全处于防御地位等几种情况。成人应经常正面告诉孩子在一起要"好好玩"，告诉他们应如何平等、友好相处，合群活动。一般来说，与其他孩子接触得少的孩子合作性发展将受到影响。因此，培养合作与分享能力的最好办法，就是让孩子与其他小孩一起玩、一起活动，让他们在活动中融合，在活动中找到解决矛盾的办法，以此逐渐提高他的合作性及合作能力。

游戏112：看图说话

　　目的：培养幼儿的感知、理解、想象能力和言语表达能力。

　　时间：2～3岁。

　　方法步骤：成人选一张主题鲜明但图案较简单的图片（或照片），给孩子看几分钟，然后依据图片上的内容提问题，让孩子回答。

　　可提的问题有："这图片（或照片）好看吗？""你看到上面有什么？""这是谁？""他们怎么样？""他们干什么？"等。若儿童不能回答，可适当做进一步启发，或教儿童模仿成人回答。经过一段时间后，看儿童有何进步。

分析说明：

　　看图说话既是对儿童感知理解力的锻炼，又是对儿童言语表达力的训练，因此它是一项很好的游戏。发展较快的儿童，1.5岁时就可做这一游戏。事实上，小学低年级也仍在运用这一方法教儿童练习口语表达和观察力。在选择图片时，要依据儿童的生活实际状况，尽可能选择那些

分析说明：

有体验基础的图片，一些比较有奇异色彩的图片也能引发孩子的兴趣。孩子在看图说话时，有时会说一些在成人看来很"离谱"的话，成人不要用成人思维判定对错，或对它进行纠正，而应认为这是儿童想象力有所发展的正常表现。

游戏113： 执行指令

目的： 培养幼儿对语言的理解能力及其执行语言指令的能力。

时间： 2～3岁。

方法步骤： 先叫孩子搬出一些积木，然后让他将积木排队，搭建房子或汽车、桥等，搭完后再问他搭的是什么。

儿童对成人的这些指令的反应有以下四种情况：一是听不懂或成人的指示不起作用；二是儿童按成人的指示开始动作，但任意进行，没有与指令相符的效果显现；三是儿童能按指示进行，但完成得不好；四是儿童按指令进行，完成得也好。这四种情况背后的能力依次为由弱到强。

也可以通过指令儿童做其他事来完成这一游戏。

分析说明：

由于儿童的知识能力尚未充分发展，执行指令便成了儿童生活中的一类重要活动。儿童在生活中几乎每件事都要学习，而执行指令是学习的一种重要形式，因此成人应有意识地在这方面对其加以训练，并将它融入生活中去。影响儿童执行指令的因素有对语词的理解能力、对指令的重要性的认识、行为能力水平，成人可从这几个方面着手，来提高儿童执行指令的水平。在发出指令时，应尽可能让儿童明白其内涵；在选择指令时，要考虑到儿童的实际能力和指令的可操作性；在评价儿童是否执行了指令时，不要用成人的标准去衡量，而应看儿童的行动效果是否符合指令的意图。

游戏114：　克服小困难

目的： 了解幼儿意志的萌芽与发展情况，培养幼儿良好的意志品质。

时间： 2～3岁。

方法步骤： 成人指示孩子去完成某一动作（比如把积木搬来搭成桥形），观察他是否按指令开始动作。若他任意进行，刚拿到积木又把积木放下去干别的去了，则说明他的意志尚未萌芽或尚未表现出来；若他能专心地去执行（不管结果成功与否），则说明意志开始萌芽。在此基础上，布置孩子做一刻钟的某项活动，如玩积木、给玩具分类等，看他能否坚持下去。

在活动中，成人可设置一点简单的困难，如把食物或玩具放在桌子中间，看孩子能否设法（搬凳子或用棍棒）拿到它。

此外，观察孩子平时活动中要求"自己来"的概率有多大——"自己来"要求得多，则意志较强；反之则较弱。

分析说明：

1岁左右，随着对某些动作的熟练掌握和言语的发展，幼儿开始有意志的发生与表现。但直到3岁，他们的意志行动还是很差，主要表现在：抑制自己行为的能力还很差，完成某一活动时易因受外界影响而转移，易冲动。成人应引导儿童学会辨别是非，学会控制自己，鼓励他克服困难，为进一步发展良好的意志品质打下基础。

游戏115：　有意识记

目的： 了解幼儿无意记忆发展情况和有意记忆的出现与发展情况，并培养他的记忆力。

时间： 3岁左右。

方法步骤： 首先，观察幼儿对以前感知过的事能在多长时间内进行再认。例如：把幼儿很喜欢玩的某件玩具藏起来，过一段时间后再拿出来给他，看他能否还记得它的名字或以前曾玩过它的事实。与他一起玩耍的某个小朋友，隔几天不见，再次见面时，看他是否还记得对方的名字。教他背一首简单的儿歌，过若干天后成人说出前一句，让他接着背下去，看他能否背得出。

其次，了解幼儿对感知过的事能在多长时间内进行再现。当母亲在身边时，孩子一般都会缠着母亲不放；当母亲离开后，观察孩子会不会主动提出找母亲（而不是简单哭叫"妈妈"），若不会则说明其再现水平较低。这时可试探着问他："妈妈呢？"若他反应还是不太强烈，则说明其再现水平很低；若他因此而吵闹着要妈妈，到妈妈常活动的地方找妈妈，就说明妈妈的形象已经在他的脑中再现了，他已初步具有再现能力。选择一个孩子以前曾玩过的玩具，比方说是小汽车，成人问他："小汽车呢？"看他能否想起来并找得出。能找出，则说明其再现能力已有一定的发展。

最后，在上述基础上，了解并发展儿童的有意记忆力。具体做法是：成人交给他一件记忆的任务，看他是否完成得顺利。例如，妈妈出门时把内房门钥匙放在某个位置，让他在爸爸回来时告诉爸爸。或让孩子把某个玩具藏在某处，让成人来找，成人却故意拖延时间，过一段时间再来找，看孩子能否还记得自己藏玩具的位置。

分析说明：

记忆是个体智力的一项重要指标，一般3岁前的幼儿还是无意记忆，近3岁的幼儿才有有意记忆的萌芽。这一时期也是培养孩子记忆力的重要时机，成人可引导孩子进行有意记忆，但由于孩子的大脑发展尚未完成，所以应注意记忆量不宜过大，以免伤害幼儿脑神经的发育发展。同时还可以通过培养广泛的兴趣，让孩子在愉快的活动中进行无意记忆。幼儿一般在3岁以后都进幼儿园，家长教育只是幼儿教育的一部分，但毕竟各种亲子游戏主要在家庭中实施，家长也可运用儿童记忆的幼儿园内容作为记忆材料来做这一游戏。

第四章 3～6岁亲子游戏

　　3～6岁，儿童身体生长速度放慢但逐渐趋于稳定，动作更加灵巧，认知和理解能力快速增强，不少孩子有了自己的主张和想法，日常语言基本能听懂会说，到6岁时大约能掌握300个词汇，社会交往能力依每个孩子的生活环境和个性不同会出现较大差异。由于这个年龄段的孩子大多数已进入幼儿园，亲子游戏只是孩子游戏中的一部分，以后的各种游戏既可以在家庭中实施，也可以在幼儿园中进行。但要注意，与0～3岁时不同，亲子游戏由原来几乎是儿童成长发展的主要活动形式转变为仅仅是孩子成长发展中的活动形式之一，地位和作用都大大下降。这里安排的亲子游戏数量也相应减少，但不能因此就忽视亲子游戏，对孩子的成长和发展而言，它仍是必不可少的一项活动。

游戏116：　自居

　　目的：了解儿童模仿的发展程度，并促进他表象的发展和对生活的认识。

　　时间：3岁以后。

　　方法步骤：在儿童模仿成人的各种活动时，成人应给予适当的语言引导，比如说他模仿成人开车的动作时，成人可在一边说"宝宝会开车啦"，这时儿童脑中就会浮现出各种与开车相关的表象，两脚不停地蹬动，两眼直视前方，嘴里"嘟嘟"叫个不停，手里的"方向盘"也左右转动起来。儿童的这一活动是由儿童脑中形成的表象支配着的，此时他会以为自己真的就是司机，这种现象被称为"自居作用"。

　　类似的活动还有：模仿医生看病、售货员售货、军人操练等。

分析说明：

自居作用是在模仿的基础上形成的，不同于一般模仿。它的特点在于它是在儿童已形成的表象支配下的一套动作，这要比之前儿童活动的直觉行动更进了一步，并且与直觉行动形成一对矛盾。当儿童逐渐长大，直觉行动就会逐渐减少，相应地表象成分增加，因而形象性和直觉行动性之间的矛盾就成为这一时期儿童心理发展的动力。成人应多鼓励儿童进行各种各样的自居活动，以此来丰富儿童的表象，培养他对日常生活的观察力。由于在这样的活动中，儿童扮演一定的角色，故又称"角色游戏"。它的主题和计划还不明显，但较游戏99所做的游戏又进了一步，有角色出现。

游戏117：分出优势手

目的：了解儿童手动作的发展情况，有针对性地均衡发展儿童左右手的动作。

时间：3岁以后。

方法步骤：在日常生活中，观察孩子绝大部分时间里是以右手操作为主，还是以左手操作为主（如拿筷子、握笔或其他物品时）。

如果发现孩子右手用得较多，试着将他右手上拿的东西换到左手上，看他有何反应，能否持续。

如果发现他左手用得多，试着将他左手上拿的东西换到右手上，看他有何反应，能持续多久。

在已经能够确定自己孩子的哪只手是优势手后，适当找一些机会让孩子的非优势手尽可能多地活动起来，以保持孩子双手及两个半脑发育的平衡。

分析说明：

　　人有两只手，左、右两手分别受大脑右、左两个半球的交叉性指挥，能担任主要作用的手叫优势手。从生理和神经发育过程看，优势手的出现会经过一段时间的反复过程，随着大脑发育状况的改变而有周期性地改变：最先出现的是单手性，出生后至4~5个月，以左手为优势手；6个月时出现双手性，左、右两手无明显差别；7个月时又出现单手性，以右手为优势手；到8个月时为双手性；9个月时又出现单手性，以左手为优势手；1岁时，大多数幼儿的优势手定在右手，少数幼儿未定。3岁左右时，脑发育基本完善，脑重已达到成人脑重的90%，此时双手都能灵活应用，哪只手成为优势手在一定程度上会受到成人有意训练的影响；到4岁时，已完全定下优势手。由于大多数人的优势手为右手，这样有利于今后日常生活中的操作（例如书写文字以用右手书写较为便利，生活物品是为优势手为右手的人设计的），因此他们的左半球大脑比右半球大脑发达。也有研究者认为，儿童常用左手可使记忆力、形象思维能力大大提高。成人比较理性的态度是：无论幼儿用哪只手吃饭，都不要阻止。特别是如果小孩习惯用左手（常被认为是一种坏习惯，有的家长会迫不及待地纠正），家长不应干涉，宜顺其自然，同时要找机会让孩子适度使用非优势手，或让孩子经常做可增加非优势手部力量的运动，或鼓励孩子双手灵活交替使用，这样对左右脑同时均衡发育有好处。

游戏118： 辨上下

目的： 了解儿童最初的方位知觉发展情况，并使其学会辨别上下方位，发展儿童空间智能。

时间： 3岁以后。

方法步骤： 日常在与儿童交谈时，根据各种物体的位置关系，适当使用上、下、前、后等方位名词。

与孩子一起分辨自己身体各部位的上与下，例如：鼻子在嘴上，眼睛在鼻子上，头在脖子上；反过来，嘴在鼻子下……

以孩子身体为参照，让孩子说出什么在他上面，什么在他下面。

孩子不在场的时候，把他常玩的玩具分别放进橱柜或写字台上、中、下的抽屉里，当孩子寻找时，告诉他玩具在"上面的抽屉里"或"中间的抽屉里"或"下面的抽屉里"，看他能否一次就准确拉开成人所说的那个抽屉。若能，则说明他能准确地辨别上、中、下。

再变换其他形式，看他使用上、中、下的概念是否正确，即看他所说的上是否就是上、中是否就是中、下是否就是下。

分析说明：

方位知觉是空间知觉当中的一种，而辨别上下又是儿童最早可分辨清楚的一种空间知觉，因此可以说，辨上下是儿童空间知觉的开始。成人要让孩子拥有不同的视觉变化体验，从而不断提高他的空间智能。要做好这一游戏，平常与儿童玩耍时应多使用与上、中、下有关的词语，让他结合自己空间位置的变化随时辨认上下方的对象物。充分发挥孩子的想象力、创造力和观察力，让孩子的空间智能正常发展。

游戏119： 玩泥巴

目的：让孩子感知泥巴的特性、体验玩泥巴的乐趣，发展儿童动手能力和想象能力，促进他审美意识的萌发。

时间：3岁以后。

方法步骤：准备一些调好的黏土放在木板上，让孩子任意敲打、滚动、拿捏、挤压，从中体验快乐。

拿一些别人做好的黏土作品展示给孩子看。成人可用以下三种方式动手演示：用一只手掌将黏土捏成一个团；用两只手将泥巴搓成一个长条；用手把泥团拍成一个饼。鼓励孩子一起尝试。

放手让孩子自由自在地玩泥巴，鼓励其大胆探索，做出他喜欢做的形状，成人再根据他所做的形状向他提问，比如问："你做的是什么？"

分析说明：

儿童天生就喜欢玩黏土，而泥塑又是中国的一种传统工艺。敲打、滚动、挤压黏土的动作不仅能锻炼孩子的动手能力，还能发展孩子的想象力，可以促进孩子审美意识的萌发，让他体验自然世界中存在的乐趣。玩的过程中，要防止孩子拿粘着泥的手去揉眼睛，或者把泥巴放进嘴里。停下来不玩时，就要把手洗干净。

游戏120： 依话补句

目的：了解儿童语言的句子结构类型情况，发展儿童的语言能力。

时间：3～4岁。

方法步骤：用以下符号，记录儿童说话时出现的句型：主语—S、谓语—P、动词—V、宾语—O、补语—C、修饰语—M。

再把记录下的句型加以对照，看儿童已会说哪些句型、还未说过哪些句型。对会说的加强练习；对不会说的则引导他去说；对说得不对的，要通过练习加以改正。

1. 结构不完整句，但能表达一个完整句意，如"一人一块的。"

2. 无M的简单句：（1）S—P结构；（2）S—V—O或S—V—O—O（"阿姨给明明铅笔"）；（3）S—V—C（"我站得牢的"）。

3. 有简单M的句子，S、V、O中的1～3项有简单M，如"两人抓紧大肥猪耳朵。"

4. 有复杂的M句子，S、V、O中的1～3项有复杂M，如"我爸爸有时候晚上还要骑车去上班。"

5. 有连动结构的句子（几个动词一起充任P），如"我拿汽车来装书""我来打球"。

6. V—O与S—P套句，O兼S，又称兼语句，如"房子里有人在唱歌""妈妈叫我不到塘边去"。

7. S或O内含S—P结构。S中含S—P："两只猫合起来把狗撵走了"；O中含S—P："妈妈讲我是好孩子"。

8. 有联合结构的句子，如"阿姨长得又高又漂亮，还会跳很多舞。"

9. 有复杂结构的句子（上述4～7类的各种结合），如"我妈有事的时候我就不能到盼盼他们家去玩了"（4+5）、"有个胖叔叔到我家来找我爸爸"（5+6）。

分析说明：

一般孩子到了3岁半都能说会道，而3～4岁是语言发展最迅速的时期；也有些孩子由于没有适当的语言环境和引导，说出来的句子句型单一，从而使表达力受到限制。这个游戏事实上是长时间一系列活动的组合，通过游戏，父母可以了解自己的孩子说话的各句型是否多样化，并锻炼儿童这方面的能力。一般在正常的语言环境下，到4岁时孩子就已能初步掌握本民族或本地区语言的全部语音，在词汇和语法结构上也有很大进步。

游戏121： **单腿站跳**

目的： 训练儿童全身性活动的能力和体力，提高儿童的平衡能力。

时间： 3～4岁。

方法步骤： 练习单腿站立，坚持1分钟后换另一条腿。重复上述动作若干次，看看孩子的身体平衡能力如何。让他体验单腿站立的感觉，为单脚跳跃打下基础。

练习单脚向上跳跃。单腿站立，两手握拳随意放于身体两侧，然后单腿往上原地跳跃若干次，换腿再跳跃若干次，有效地增强孩子腿部肌肉力量。为了增加趣味性，可以在孩子上方系上各种颜色的气球，让其跳起来用手抓或撞击气球。

单腿向前跳。单腿向前跳跃若干步，换腿转向，再跳回至原点。可以一家人和孩子在公园里进行单腿跳跃比赛，最大限度地激发孩子的运动兴趣和欲望，使其加快跳跃速度，融入家庭活动中。

如果孩子跳得比较熟练，还可单腿跳台阶，还可跳若干级台阶后换腿。这种跳跃运动的强度更大，因此也会使孩子的肌肉、平衡能力都得到加倍的锻炼。

分析说明：

单腿跳跃是一项全身性的运动，需要孩子具有良好的平衡能力和足够的体力，对3岁的孩子有一定的难度，如果适当练习，孩子4岁左右能顺利地完成。单腿跳跃是一项不受时间、地点、经济条件和人数限制的运动，成人和小孩都可以参与，不需要任何器具，在原地即可进行。这一优势使得它便于开展并坚持，可随时随地锻炼。跳得好的人的颈部、肩部、上下肢等都会参与运动。跳动时身体不停地震颤，脊柱、下肢等处骨骼反复撞击，会促进骨内血液循环，增强新陈代谢，对儿童的成长是非常有益处的。反复地持续练习跳跃动作，有利于提高儿童身体机能水平、平衡能力、协调能力和灵敏度，是培育孩子运动能力、增强孩子身体素质的有效方式。

游戏122：　估测兴奋与抑制　◀◀◀

目的：了解儿童大脑机能高级神经活动基本过程的兴奋与抑制特征，增强孩子的自我控制能力。

时间：3～4岁。

方法步骤：观察儿童平均每天睡眠多长时间（其中晚上睡多长时间，白天睡多长时间），并把它与孩子刚出生时的睡眠时间进行比较。

一般儿童在3岁左右时，晚上睡12小时，白天睡2小时。把你所测得的时间与这一时间进行比较，若多于这一时间，则说明兴奋相对较弱；若少于这一时间，则说明兴奋相对较强。

在偶尔发生令儿童不愉快的事时，观察儿童的表现，看他能否控制自己，若发现他控制不住，成人劝他忍住"别哭"或"不要××"时，看效果如何。若效果好，则说明抑制过程已有所加强；若效果不好，则说明抑制过程仍相对较弱。

让儿童做某件他感兴趣的事，看他能持续多长时间。时间长，则说明兴奋延续时间长；时间短，则说明抑制发生作用。

分析说明：

兴奋和抑制是高级神经活动的两个基本过程，这两个过程都随着年龄的增长、大脑机能的发展而不断加强，成人应对儿童在这方面发展的情况有所了解。本游戏的目的，一方面了解孩子在这方面的个性特征，另一方面提高孩子的自我控制能力。了解具体情况后，成人可把它作为安排儿童饮食起居和学习、游戏以及整个生活的一项重要参考指标。若儿童的这一指标与正常水平相差过大，成人还可以采取适当的方式找出原因，加以校正。

游戏123：搭金字塔

目的：练习手眼协调性，提高儿童积木构建和平衡能力，并促进他想象的发展和对形体的认识能力的发展，获得物理规则的初步认知。

时间：3～4岁。

方法步骤：在孩子以前搭的积木的基础上，让他将8～10块积木尽可能垒砌得高一点，看他垒砌的结果如何。通常孩子会堆成不规则的形体。

成人可做一次示范，用堆成一排的方式，将10块积木由低到高连续砌成4、3、2、1块的平面金字塔形。成人将所堆的示范推倒，看孩子能否再堆起来。

若孩子一时堆不起来，也不要着急，成人可堆一个示范放在那儿，让孩子对着它慢慢琢磨，总有一天他会堆起来。若孩子能轻而易举地堆起来，可以让他继续堆得更高、更大。

分析说明：

幼儿在2岁左右开始使用物体搭建，3岁时开始自己动手研究如何把积木堆放得更"好"，知道按照物体的大小堆叠物体，可以自己堆成一座金字塔形。3~6岁期间，用于搭建游戏的时间可以占到他玩游戏时间的一半，孩子由此获得支配物理世界各种规则的理解。孩子搭积木要经过多次倒塌、再砌的过程，反复无数次的练习才能使他总结经验，越搭越高。成人能做的，就是让孩子自己注意观察、分析，不必过多指点，使孩子渐渐养成独立操作、集中注意力的良好学习态度。要想增加搭建的高度而不易倒塌，就需要边角对正；砌金字塔，要留有适当空隙，以便使两块之间能搭上一层，如此才能搭得稳，而且每个空隙大小要相仿，才能使金字塔更好看。

游戏124： 先剥后吃

目的： 了解儿童条件反射形成的速度和巩固程度，从而了解并发展儿童的认知能力。

时间： 3~4岁。

方法步骤： 把用锡箔纸裹着的、外表没有明显糖纸边界的球形糖交给孩子，并说"××吃糖"，看他拿到糖后如何吃：是直接丢进嘴里，还是设法剥开。在他犹豫时，成人对他说："要先剥了再吃，你看看怎么剥？"然后成人示范着剥开。

过一段时间后，再拿一颗同样的糖给他，看他是否记得先剥后吃，若不能，再次告诉他要剥了再吃。如此进行到他一拿到糖就立即动手剥，看需要重复多少次。次数越多，说明条件反射形成的速度越慢；次数少，则说明条件反射形成的速度快。

间隔几日后，再拿出同样的糖，看他是否仍然是拿到手就动手剥，并能记住剥的方法。若能记住，说明这一条件反射没有淡化；若拿到手不剥就吃，则说明上述条件反射已被他遗忘。若间隔时间较长仍能保持，则说明条件反射较巩固；反之则不巩固。

用抑制性的条件反射照上述方法做一遍，比如用"不能随便拿别人的东西吃"来做这一游戏，看效果如何。

分析说明：

　　由于3岁以后儿童兴奋和抑制过程都有较大的发展，条件反射的形成都比较迅速，一般借助语言形成运动性条件反射只需1～2次强化，形成抑制性条件反射则要经过5次强化。所以父母常常会发现：要多次告诫孩子不要去做什么后，孩子才能真的不去做什么；但要叫他去做什么（尤其是小朋友间相互祈使）则比较容易。当然，条件反射形成的快慢还与刺激的强度、儿童的个别差异、年龄及许多客观因素相关。例如形成抑制性条件反射，3岁儿童至少需要4次强化信号，4岁需要3次，6岁则只需要2.7次。条件反射的巩固也与年龄有关。许多当过父母的人对儿童总是苦口婆心，其实科学的方法还是应根据上述数据及儿童的具体情况，尽可能使成人说的每句话都成为精当有效的条件刺激。

游戏125： 自我评价

目的： 了解儿童自我评价的发展情况，培养自我评价能力。

时间： 3～4岁。

方法步骤： 成人问："××是不是好孩子？"听他怎么回答。一般情况他会说："是，我还听话呢！"若说他不乖，他会争辩说："乖，今天我自己穿衣（鞋）的。"

几个儿童在一起玩时，观察儿童怎样评断自己。此时他常不以自己个性品德作评断，而以外在物体属性作评断——把玩具、书籍、衣服、食物之有无，以及与自己有关的另一个人作为断定自己不同于别人的评判标准。比如常说："看！我有××，还有××。""我爸会开汽车，你爸不会。""我妈妈给我××了，你妈妈没给你。"

在遇到一些生活中的实际问题和事件时，让孩子做自我评价。比如：某次到客人家做客时，表现如何？某次有客人到家时，表现得如何？吃饭时表现如何？做某件事时表现如何？

分析说明：

儿童自我评价是自主发展的前提。上述对成人第一个问题的回答是借用他人的评价来评价自己；第二种则有了自己的参与，较前一种回答是一种进步，但这种回答回避了自己本身的个性特点，而以身外之物来评判自己，是一种斗嘴口吻的评价，而这正是这一阶段儿童自我评价的水平。成人应了解孩子的自我评价方式及其发展情况，以便实行恰当的教育，适当引导他正确评判自己，但也不能苛求。

游戏126：　依次行动　◀◀◀

目的：了解儿童遵从秩序的情况、自我控制能力的发展情况，并促进他遵守秩序，增强耐心。

时间：3～4岁。

方法步骤：选择一段每次只能由一个人通过的通道或缝隙，孩子、父亲、母亲或家里的其他人依次从中走过，每次走的时候轮流调换次序。比如：第一次父亲先走，其他人跟随其后；第二次母亲先走，其他人跟随其后；第三次孩子先走，其他人跟随其后。或者按每次口头约定的次序依次通过。

在家庭用餐时，规定爷爷、奶奶开始吃以后，孩子才能开始吃。经过若干次要求后，看孩子能否自觉自愿遵守。

在日常生活中，走到路口、门口、电梯等处时，要求孩子让老年人先走。经过若干次要求后，看孩子能否自觉自愿地遵守。

分析说明：

当下不少孩子是独生子女，在家庭生活中享有无可争辩的自然优先权，结果养成了什么都想占先的坏习惯。实际上，3～4岁的孩子已经明白做事情要依程序轮流进行，但又往往不愿这样做。这个游戏的主要功能就是帮助儿童形成自然、依次行走或进行其他活动的习惯。在这个游戏过程中，成人要一边拿具体的例子或故事给孩子说明道理，一边要求孩子以自己的行动切实做到。当然，成人在言行上也要多做示范。

游戏127：依语而行

目的：了解儿童第一信号系统与第二信号系统之间的协同性，并发展这种协同性。

时间：3～4岁。

方法步骤：把儿童叫到成人的面前，成人用语言发出"立正！""稍息！"的口令，然后用语言告诉他立正、稍息的要领，但不要做动作示范给他看，看看儿童所做出的立正和稍息动作与成人用语言描述的有多大差别。差别越大，说明第二信号系统的作用效能越小。

成人当场做立正和稍息的动作示范，儿童认真观看以后，成人再喊"立正！""稍息！"的口令，看儿童这次做的跟上次相比有多大的进步，进步的程度与儿童的第一信号系统作用效能有关。进步越大，说明第一信号系统的效能越高。

间隔若干小时后，成人在儿童事先没有思想准备的情况下对儿童喊"立正！""稍息！"的口令，看儿童能否迅速做出相应的动作。这一动作的目的是检验以下两方面：首先，这一口令能否迅速引起儿童的第二信号系统的反应；其次，刚建立起立正和稍息姿势的第一信号系统与第二信号系统两个部分是否能很好地融合在一起。

分析说明：

在3~4岁的年龄段，第一信号系统的活动仍占主要地位，所以做示范给他看比告诉他怎么做效果要好。但第二信号系统的作用会随着年龄的增长而不断增强，而且出现两种信号系统之间简单的动力传递关系，即当儿童对直接刺激物（如声、光等）形成了某种条件反射时，当别人说起这个词，不经训练就同样能引起直接刺激物所引起的反应；反之，第二信号系统形成的条件反射，同样也能向第一信号系统传递。例如儿童见到狗时怕狗，别人一说"狗来了"，他就会惊慌；成人说"老虎吃人"，儿童见到老虎也就会感到害怕。这种游戏本身就能增加第二信号系统的刺激，发展儿童的第二信号系统。

游戏128：模拟借用

目的：了解儿童使用符号能力的发展程度，促进他丰富并发展对符号的使用。

时间：3~4岁。

方法步骤：观察孩子的日常行为，看他是否将某件物品象征性地当作另一真实对象使用，例如，拿一块小石子当作真汽车开，以及类似的现象。

如果发现这种现象，应进一步记录、统计、分析孩子使用哪些模拟借用，如何模拟借用，模拟借用的次数是否多。常常是：他喜欢小汽车，就会把各种东西都当作小汽车；他喜欢娃娃，就会把各种东西都当作娃娃……所借用的物体像什么，他就把它借用为什么。例如，有点弯曲的树枝像小推车，他就把它当小推车来用。越到后来，形象关联的模拟借用越多。

成人从分析中找出孩子模拟借用的特点后，再和孩子一起玩游戏，就可以有针对性地丰富和发展孩子的模拟借用，以丰富和发展孩子的符号系统。

分析说明：

> 能够玩模拟游戏，表明儿童能够使用符号。模拟游戏开始于儿童用玩具或他所看到的任意物件代表真实物体，比如用一根小木棍象征性地当梳子用来梳头，把一块小石子当作小猪放在猪栏里，用一片小树叶当做飞机玩飞行，诸如此类。有时小孩甚至会把一个活人当作一个玩偶。成人不要以此为怪，而应鼓励他放飞想象，多多进行模拟借用，丰富并发展他的符号使用对象、范围，增加趣味性。

游戏129：初步预测兴趣爱好倾向

目的：了解儿童最初出现的兴趣爱好倾向性情况，并对儿童兴趣加以适当培养。增强他兴趣的广泛性。

时间：3～5岁。

方法步骤：在儿童的活动逐日丰富后，每次进行某种游戏活动前，都让他在听故事、唱歌、跑步、搭积木以及在家中可以进行的各种游戏活动中进行选择，看他多次活动的选择有无倾向性。

若有倾向性，则要弄明白倾向是什么。分析他所选的和不选的活动形式，看他是因为兴趣决定选择，还是根据活动的难易程度进行选择。

适当增加一些此前未玩过的游戏，开展一些此前未开展过的活动，看孩子是否有新的兴趣点。过一段时间，再分析孩子兴趣变化的特征和规律。

通过多样性的活动，增加孩子兴趣的广泛性，同时了解孩子的发展与变化情况。

分析说明：

儿童3岁时就开始出现最初的兴趣、爱好上的个别差异，但这时的兴趣倾向性是不够稳定的、易于改变的。成人在这个时期比较好的做法是培养儿童更多更广泛的兴趣，而不要急于培养儿童的兴趣倾向性。这样对儿童广泛地接受各方面知识、日后进行专业选择与人生规划都有利。也就是说，此时了解儿童的兴趣是为了给日后培养他更广泛的兴趣做参考和依据，而不是仅仅为了培养他单一的兴趣。

游戏130： 初测能力差异

目的： 了解儿童的各种能力的发展情况和差异，培养儿童各方面能力全面协同发展。

时间： 3~5岁。

方法步骤： 在成人与儿童的各种活动中，采取先布置任务、后检查结果的方式，对儿童的视听辨别力、注意力、记忆力、想象力和观察力、理解力进行观测。并对检测的结果进行记录，对相隔一段时间的检测结果进行比较、分析。

具体进行测量的时候，也可分计算、口头表达、音乐、绘画、书法和体能等几项进行。让儿童分别进行上述活动，看哪样完成得顺利，前后比较看哪一样进步较快、成绩较好。在上述基础上，保持他能力较强的方面，继续发展，有针对性地加强他能力较弱的方面的进行培养锻炼。

分析说明：

　　3～5岁儿童能力差异的测量只能作为一个参考，切不能以此来判定儿童的终身。首先，儿童的音乐、绘画、书法等方面的才能显露得早，日后可能还有超过这些方面的能力出现；其次，能力的最终发展结果是由儿童自身条件与他的兴趣、社会环境等多方面相互作用的结果，但不能由此就认为这个时期对儿童能力的评估是无意义的，因为要培养儿童，首先就得了解儿童，知道他的长处和不足，根据具体情况加以培养。了解他的能力是重要的一个方面，边了解边培养是一种比较现实、有效的方式，但应注意不宜给儿童造成过重的负担。有些判断可能由于成人的专业知识不够会出现一些误区，比如，有些孩子思考问题的速度比较慢，但深度和全面性比较好，他的思维品质未必就比那些得出结论快的小孩差。

游戏131：测试自我表现期

　　目的：了解儿童这段时期自我意识及需要的发展情况，发展儿童个性及各方面能力。

　　时间：4岁左右。

　　方法步骤：注意观察儿童日常口语的变化。在自我表现时期出现之前，他们常会说"不，我不愿意""这是我的""我借给你，但不把它给你"。

　　处在自我表现期的儿童常说："别动，你看我怎样完成。"或说："爸爸（或妈妈），你看我！"

　　此外，观察儿童的行动，看他是否常去做那些成人不许他做的事，是否去成人不许他去的地方，是否干别人不干的事、要别人不要的东西。

　　在情绪方面，表现为讨厌被他人忽视，情绪易变，一会儿哭，一会儿笑。

　　当自己完成某件事时，会感到骄傲，希望获得成人的称赞。

坚持自己独立完成某件事，但当出现小问题时又会发脾气。

经常表现出顽固的自私，不愿意谦让或按次序做事，喜欢谈论其他孩子的长短。

若孩子出现上述行为中的某一两个方面，则说明儿童已进入自我表现期；如上述表现都有，则说明孩子正处在自我表现期。

分析说明：

自我表现，又称"逞能"，是儿童发展过程中一种自然的心理现象，这时他在心理上需要别人欣赏自己的本领，这对他的自我意识和各种能力的发展是有利的，成人应给予爱护。同时，这一阶段儿童的各种能力毕竟是有限的，适当的时候让儿童知道这点也是必要的。在这两者之间，父母应选择一条两方面都能照应、对儿童近期能力发展有实效、对儿童远期发展有后劲的道路。同时，由于处在自我表现期的儿童常是什么都干得出的，成人应注意保护他的安全；孩子若表现得过于任性，成人要适度包容。

游戏132： 验"情结" <<<

目的： 了解儿童这一段时期情绪、情感发展的情况，培养积极的情绪情感。

时间： 4岁以后。

方法步骤： 当儿童十分有兴趣地进行着某一项他还无法顺利完成的活动时，成人应观察他在失败之后有什么情绪、情感表现。若因此而表现出羞赧，长时间不说话，闷闷不乐，或产生内疚有罪的感觉，则说明儿童已开始有"情结"表现。

观察儿童对父母的态度与从前相比有什么变化，若女孩子表现出对父亲有明显好感，父亲说的话很容易听进去；而对母亲较冷淡，对母亲说的话常表现出抗拒，则说明已产生明显的"恋父"情结。通常，男孩子表现出对母亲有好感而疏远父亲，女孩子表现出对父亲有好感而疏远母亲，但现实中他究竟是产生恋父（女孩）情结还是恋母（男孩）情结，还与父母的性格特征、父母与孩子相处的时间长短等多种因素相关。

分析说明：

　　情结是情绪、情感发展到一定时候才会出现的一种状态，是儿童情绪、情感发展过程中出现的一种特殊表现形式，恋父（女孩）和恋母（男孩）情结是情结中的一种特殊形式。情结出现并不足怪，关键是父母应引导儿童掌握合适的、正确的社会准则来评价自己的行为，从而发展儿童情绪、情感的主动创造性，消除或减少消极的情绪、情感。父母在知道儿童已有情结的情况下，应扬长避短，注意教育方法，不要蛮干而加剧对立情绪，而应用引导的方法来增强和融合气氛，再用这种气氛来对儿童行为加以必要的有效约束。

游戏133：　分桃子

目的： 让儿童初步接触并学习数的概念。

时间： 4岁以后。

方法步骤： 成人买回新鲜的桃子或其他果品，把小孩叫到身边，告诉他这桃子是买给爸爸、妈妈和孩子自己（或还有其他人）一起吃的，平均每人多少个，先分好后吃，并把分的任务交给孩子，看他完成得如何。

　　在生活中遇到有数量的事物时，让孩子去点点数、分分堆，看他数得是否对，分得是否合理、清楚。

分析说明：

儿童一般在3岁左右就能口头数数，自然背诵数目名称，说出"1，2，3，4"……但要把这些数与实物联系起来，要到4岁以后。因此成人应抓住这一时机促进儿童运用并发展数的概念，不仅要求他嘴里说得出某个数的名称，而且要让儿童练习数实物，按一定数量分实物，按一定数量取实物，做各种与数有关的实物游戏。这样他所建立起的数的概念就是以实践能力为基础的，既很牢固，又能灵活实用。

游戏134： 辨别前后方位

目的： 了解儿童方位知觉的新发展，训练儿童分清前后方位，发展儿童的空间想象能力。

时间： 4岁以后。

方法步骤： 首先让孩子站在某一位置，以儿童自身为中心，问他前、后各种物体所处方位，如："桌子在你前面还是后面？" "强强走在你前面还是后面？" 看他回答的正确率有多高。若回答基本上是错的，那么成人可以告诉她正确的方位，过一段时间再验证；若孩子能回答正确，再进行下面的游戏。

选择景物，按照人们生活习惯当中约定俗成的方位，问他哪儿是前、哪儿是后，比如问他："是大门在前呢，还是堂屋在前？" "是客厅在前呢，还是卧室在前？" 爸爸妈妈和孩子一道出门走在路上，问孩子："爸爸和妈妈哪个走在前面？" 看他回答的准确率多大。

若他回答不正确，成人应告诉他怎样答是正确的，并教他如何辨别相对物的前后关系——依据约定俗成，应以对象的朝向来确定。

另一种玩法是，成人说些前后方位的概念，让他去找某件东西，看儿童理解得是否正确。例如，"在那辆车子前面有什么？" "在那辆车子后面有什么？"

分析说明：

在正常的教育和交往环境里，4岁的儿童能正确地辨别前后方位，这是儿童在能分清上下方位之后，方位知觉上的又一新发展。在辨别前后方位时，可将其与前面已掌握的上下方位结合起来，也可向儿童提出上前方、下前方、后上方、后下方的概念。不过最好在儿童准确地掌握"上、下、前、后"之后再提这些概念，并通过多次使用强化这些概念。

游戏135：　辨基本色　◀◀◀

目的： 使儿童学会对基本颜色的认知和分辨，提高儿童辨别颜色的能力。

时间： 4岁以后。

方法步骤： 挑选红、白、黄、绿、青、蓝和紫七种基本色的玩具，在成人先不全面告诉他各种颜色的情况下，问他哪个是红色的，哪个是黄色的，……直到问完所有颜色，看他能正确回答出几种，肯定他说得正确的，纠正他说错了的。

过一段时间，再让他在七种颜色的玩具中挑出成人要的某种颜色的玩具，观察他一次性选对的正确率有多大。

告诉他各种颜色以后，看他能否正确地分辨出各种颜色。方法是成人指着各种玩具，问儿童它们分别是什么颜色的，看他回答的正确率如何。再用上述方法肯定正确的回答、纠正错误的回答，加深印象。

若儿童仍不熟悉，可反复运用上述方法练习。

分析说明：

4岁儿童在正确的教育下，可以辨别基本色，但不能辨别混合色，成人应抓住这一时机，通过实物玩具教他辨别各种颜色。能够辨别各种颜色，就使得儿童的认知更加多彩，直觉分辨率大大提高，这对他以后进一步认识外界事物是有积极意义的。在这样的游戏中，还可以了解儿童是否有色盲之类的问题。

游戏136： 比视力

目的：了解儿童视觉敏度的发展情况，锻炼儿童的视觉敏度。

时间：4~5岁。

方法步骤：将视力表挂在亮度适度的墙上，让儿童从远处看视力表，若看不清，则让他向近处走，直至他能看清视力表上的图形。然后量出视力表与儿童所站位置之间的距离，从而得知儿童视觉的敏度。

成人带儿童一起到野外观看远处的景物，看他能否看清最远的景物是什么，成人可以和孩子比一比（成人若视力不好，可使用望远镜）；若双方出现争议，可以一起走到近处验证。（在不使用远望镜的情况下）谁说错就给谁适当的小处罚，谁说对了就给谁小奖励（例如给糖果）。

分析说明：

儿童出生后，视觉敏度随着年龄增长逐渐增强。正常情况下，4~5岁时，可以在2.1米处看清视力表上的图案；5~6岁为2.7米，6~7岁为3米。对照这一数据，父母可知道自己孩子的视力敏度的发展情况。但在观看远处景物时，孩子在原本就未看清楚的情况下，可能会想当然地说出一个他所看到的东西，这时就可采取带着孩子一起走近所看目标的方式，验证一下。这种验证能促使孩子以后看得更加仔细，并掌握观察的最基本方法。经常看远处的景物对提高儿童视觉敏度有一定的促进作用。成人要注意教育儿童保护好视力，让他少看电视、电脑、手机屏幕，同时通过适当的运动和活动，合理安排用眼时间，改善他的用眼环境、方法，并通过营养补充等来增强儿童视觉敏度。

游戏137： 掂估重量

目的：了解儿童肤觉、运动觉的感受发展情况，增强这种感受的灵敏度。

时间：4～5岁。

方法步骤：放一堆重量不一的积木，让儿童先用手掂估一块积木的重量，然后要求他从许多种不同重量的积木中找出一块与它同样重的积木来，记录儿童到找对时为止所找的总次数。连续三次后，统计正确次数占总次数的比例是多少。

任意选两块重量相当的积木，让儿童说出哪个重、哪个轻。进行若干次后，看他所说的正确率有多高。

任意找两块质地不同、大小相同的积木块，问儿童哪个重、哪个轻，进行比较若干次，统计儿童说对的次数。

拿几块形状不规则的石块，成人与孩子一起掂量轻重，然后按轻重排列石头，再用秤称重，看谁掂量得更准确，就给谁小奖励。

分析说明：

一般正常儿童在4～5岁时做这一游戏，正确率仅有30%～40%，7岁时正确率可达60%。这一游戏除了可以了解儿童的运动觉、肤觉的灵敏度外，还可使儿童加深对物体重量这一概念的认识，增强他感觉的灵敏度，从而对拓展观察力及发展儿童的认识能力产生一定作用。成人在和儿童做这一游戏时，要先易后难，否则他会没有积极性，一开始用积木就是为了要让孩子能感受到物体的轻重与它的体积有一定的关系，但与体积又不完全是一回事。

游戏138： 测主题游戏水平

目的：了解儿童游戏的计划性和主题情节方面的发展变化，促进儿童想象、组织和计划能力的发展。

时间：4～5岁。

方法步骤：观察儿童的游戏活动，特别注意观察儿童玩游戏是随兴所至碰到什么就玩什么、玩得怎样就怎样，还是事先和别人说好玩什么（主题）才玩什么，玩的时候始终都围绕着主题，对一些细微处也都有自己的要求。儿童若表现出后面的特点，则说明其计划性已开始出现。

在此基础上，成人指定一些游戏的主题，让儿童去玩，看他完成得怎样，看他如何组织同伴（如邻居小孩）、分配角色，用什么物品来代替什么用具，缺少工具他会如何去找，能持续多少时间等。

分析说明：

这一时期儿童的主题游戏较前一时期的角色游戏的进步在于：玩角色游戏时，儿童听到、看到什么角色就玩什么角色，正在玩这一角色时，转瞬又会不由自主地转到另一角色；而主题游戏则是事先确定玩什么然后再玩。虽然他们玩的具体形式还可能是开医院、开饭店、进学校、请客之类，但这一阶段的游戏对儿童心理和身体发展的作用更为重要，是儿童认识事与事、人与人之间的关系，发展智力、提高感受性和感知能力，促进想象力、记忆力、思维能力、意志和毅力、组织能力、计划能力发展的重要手段和方式，因此成人应鼓励儿童多玩游戏。4～5岁的儿童可以组织起2～5个人（小伙伴）玩协同游戏，时间长达4～50分钟（50%的儿童只能保持15分钟）。从此开始，成人要更加放手让孩子自己组织游戏，家长仅给予适当的帮助。

游戏139： 简单手工劳动

目的： 培养儿童的劳动习惯、情感、技能，促进儿童动手动脑，发展儿童的智力。

时间： 4～5岁。

方法步骤： 首先，把儿童想要做的事都交给他自己去作，如穿、脱衣服，洗手洗脸，并及时对他完成的质量给予检查评价，哪里做得好，哪里做得不好，下次如何改进……改进后仍要及时进行质量检查，如此作为一种惯例进行一段时间。

其次，适当地布置一些家务活给儿童做，如扫地、擦桌子、洗杯子等，并把这些事固定下来，每天都由他做，成人及时监督检查，并给予评价。做得好的给予表扬，做得不好的地方给他指出来，以后改进，同时对改进的质量进行检查。

最后，成人进行劳动的时候，应叫上孩子一起劳动。比如逢年过节要大扫除，或做某件一个人不方便完成的事时，让孩子当帮手，既锻炼他手脚的灵活性，又培养他的合作精神、团队和劳动意识。

分析说明：

劳动是人类赖以生存的活动，从小就让儿童爱劳动、会劳动，培养他的合作与团队意识是十分重要的。父母不应因怕孩子累着而不让他劳动，而应将儿童的劳动当游戏，让他以游戏的心情劳动。虽然对4～5岁的儿童来说劳动不是其主要活动，但劳动也是儿童不可缺少的活动，成人应对此给予重视。在劳动过程中，还要教他一些劳动技能技巧。如：洗手时怎样才能既洗得干净，又不浪费水和肥皂；洗杯子时要小心，别把杯子打碎；扫地时怎样才能扫得又干净又快；与人一起搬东西时怎样用力才有效；等等。这样劳动就不只是体力活，而是脑体结合、身心发展均获益的活动。

游戏140： 盖老虎

目的： 了解儿童的两种信号系统及它们相互产生复杂诱导的发展情况。

时间： 4～5岁。

方法步骤： 准备一张画有老虎的图片，告诉儿童当他看到图片时就用纸把老虎盖上，练习几次使他熟练进行这个操作。然后，不再呈现图片，而是成人在一边说"老虎"，要求儿童一听到这个词就完成拿起纸来做盖的动作，并反复练习直至熟练。

上述动作熟练后，要求儿童在图片呈现时不要做盖的动作，但在说到"老虎"时，要做盖的动作。如此进行若干次，记录他进行得正确的有几次、错误的有几次，它们的比率各是多少。

再反过来，要求儿童在图片呈现时做盖的动作，在成人说到"老虎"时不要做盖的动作，如此进行若干次。记录他做得正确的有多少次、错误的有多少次，它们的比率各是多少。

分析说明：

本游戏的第一部分是要儿童对词和图片形成同样的条件反射，第二部分是使儿童对词的刺激和直接（图片）刺激分化，第三部分则是对这种分化进行改造。一般儿童做第一部分时基本都能完成，大约70%的儿童能正确进行分化，即能完成第二部分动作。能进行分化改造（即能正确完成第三部分动作）的儿童相对来说更少。这一游戏的结果说明，词汇的作用有时可以抑制直接刺激物所引起的反应，第一和第二信号系统之间确立了基于诱导关系的更复杂、更高级的相互作用。上述游戏第一部分与第二部分、第三部分之间正确完成的次数差别越大，说明这种诱导关系越深刻。在做这一游戏的过程中，孩子可能会产生烦躁情绪，成人要耐心引导，并仔细观察，辨别孩子所发生的细微变化。

游戏141： 话语连贯 ◀◀◀

目的：了解儿童言语发展特别是言语能力发展的情况，并促进它们的发展。

时间：4~5岁。

方法步骤：注意听儿童说话与以前有什么差别，其中特别注意他是一次从头到尾地把一件事连续说完，还是断断续续地想到什么就说什么。

例如在回答"你从哪里来？"时，他的回答可能是："打球，那里在打球，我看到的。妈妈带我去看的。"或"我跟妈妈去看打球来。"后一句显然比前一句更有条理性、逻辑性和连贯性，而前一句需要听的人边听边猜当时的情境，所以前者又叫情境性言语。若儿童经常使用后一种说法，则说明儿童连贯性言语已出现，经过一段时间的观察，成人应统计出儿童情境性言语与连贯性言语各占多大比例，并注意它们比例的变化。

此后，成人应有目的地引导儿童说连贯性言语，方法是：当他说出不连贯的话语时，成人故意装着没听懂，说："啊？你说什么？再说一遍。"一般他后一次说的连贯性要比前一次好，成人让他把前后两次说的比较比较，有哪句更好，并告诉他以后要尽可能把话说得能让人听明白。经过若干次校正，孩子的语言表达就会逐渐有进步。

> **分析说明：**
>
> 4～5岁时，儿童已基本会用母语，发音的正确率较高，词汇数量增加很快，范围扩大，能掌握一些虚词和数量词，词义越发确切、日益加深，句型也从单句发展到复句，从陈述句发展到多种形式的句子，从无修饰句发展到有修饰句，从不完整句发展到完整句。而在言语能力上最有标志性的发展，是从情境性言语过渡到连贯性言语。而言语的连贯性往往是思维逻辑性的一个重要标志，成人应在这段时间里，适时校正孩子的不连贯话语，提出让儿童说话说得连贯的要求，以锻炼他的言语和思维能力。

游戏142：找差异

目的： 了解儿童观察的特点和发展情况，并培养他的比较和辨别力。

时间： 4～5岁。

方法步骤：准备一组有相同之处又有不同之处的图片，比如两个小朋友在吃饭的图片和两个小朋友在看书的图片，限定儿童在5分钟里仔细观察。观察前，成人应提出要求，让儿童看清画面上画的是什么人、什么事——从什么地方看出来的，它们有哪些相同的地方、哪些不同的地方。

待儿童观察后，成人依据上述各方面提问。先让孩子说出两幅图的不同之处，看儿童回答的正确率有多高；再让孩子说出两幅图的相同之处，看正确率和完整性如何。

在儿童能进行一般的图片观察后，让儿童到外界去观察，比如让他上山去采集各种植物的标本。进行其他具有寻找辨别性的活动亦可，如观察某件事物的变化情况、动物（如家禽家畜）的生活情况等。

分析说明：

观察是儿童非常重要的一种认识能力，它是一个有目的、有计划、比较持久的感知过程。4～5岁的儿童的观察力已有初步发展，但具有随意性，情绪占重要地位，他们往往因为被鲜明新奇的事物吸引而忘了观察的目的，碰到什么就观察什么，缺少一定的顺序性和系统性。成人应根据这些特点，通过上述的游戏（诸如调换各种图片、改变观察环境等）来锻炼儿童的观察力，并引导儿童去发现所观察事物的内在联系。一般孩子能找到两个对象之间的不同处，却很难找到两者的相同处，或所找到的相同处不完整。只有进行多种多样、广泛深入的观察活动，观察力才能得到真正迅速而有效的发展。

游戏143： **找"最"** ◀◀◀

目的：了解儿童大小、多少比较能力的发展情况，并发展他的比较和观察能力。

时间：4～5岁。

方法步骤：准备一些图片，不同图片上画有数量不等的房子，将图片呈现给儿童看，然后问他哪一张图片上的房子最多。看孩子能否正确地挑出房子最多的那张图片。如不能，则下次找机会再做游戏；如能，则继续往下做。

准备一些图片，图片上有大小不同的某种对象（如大狗和小狗），问孩子哪张图片上的狗最大。看他能否正确挑出图片。

带孩子到户外观察，当遇到由一定数量的个体组成的群体时（如不同的蝌蚪群、鱼群、牛群、马群、鸟群），问他其中哪种个体最多，哪种个体最大，看他的观察是否正确。

在孩子能比较熟练地估计最多、最大的情况下，扩大"最"的范围：在日常生活中，遇到多个相关同类对象时，问孩子哪个最高、那个最矮、哪个最美、哪个最丑、哪个最喜欢、哪个最讨厌。诸如此类，拓展孩子对"最"的内涵的理解。这同时也丰富了他的认知，增强了他的比较和辨别能力。

分析说明：

4～5岁的孩子能理解"最高""最大""最多"之类的概念，也能理解"相同""更多"之类的概念，当然，理解并找到"最低""最小""最少"相对而言更容易。在这个游戏中，在他选出"最多"的时候、并不要求孩子能数出具体数量，而是让他从感觉上知道哪个多、哪个少。在孩子成长发展的过程中，找"最"是认知的两个端点，此后要不断丰富和发展孩子的认知，增强孩子的自主辨别意识。

游戏144： 有意学习

目的：使儿童开始进行有目的、有组织的学习活动。

时间：4～5岁。

方法步骤：选一种儿童感兴趣的学习活动，如语言、计算、绘画、音乐、手工技能等，引导儿童由自然的、无意的学习转向有目的、有组织安排的学习。

例如：儿童对绘画感兴趣，成人就拿些绘画作品给他看，看他能否在接下来的几天里有意识地去画画。若无此行为，表明其尚不能有意学习；若有上述行为，成人可问他想不想以后天天画，甚至可以用鼓励性的话问他："想不想长大后当画家？"若他肯定地回答，那就进一步建议说："现在就要认真学习，以后每天学习10分钟绘画。"

此后，看他能否再想起自己前一天说的话，能否在指定时间里完成绘画。若不能，成人应给予提醒，除特殊情况外，应督促他坚持下去；如果孩子过一段时间确实不想做了，也不要勉强。

分析说明：

4~5岁儿童的学习，不在于学到多少东西，而在于让他知道要学习，从而养成学习习惯，能有目的、有组织地进行学习。因此成人在评估他的学习成绩时，既要看他在某一学业上有无进步，还要看他是否养成了良好的学习习惯和品质，要对他进行基本动作技能训练，为以后的学习做好准备，对此切不可马虎。给儿童布置的学习任务不宜过死过重，最好以建议的方式，重要的是保持他的学习兴趣，使他对学习乐此不疲，同时要防备形成懒散的作风。根据这样的方针，成人应注重看学习活动的结果是否合格，注重通过活动结果对孩子进行激励，看孩子在能力上是否受到锻炼，对细节则不必要求过高。

游戏145： 听游戏语言

目的：了解儿童语言由外部向内部发展过渡的情况，发展儿童的内部语言。

时间：4～5岁。

方法步骤：在儿童专注地做游戏的时候，成人不要打扰他，而应装作若无其事地暗中观察他，看他是不是一边做一边嘀咕（声音比平时说话声要小，但较完整、详细，有丰富的表现力）。例如，一边搭积木，他一边说："这个大的放在这里，别动啊，小的放在上面，很好！"

这种暗中嘀咕就是外部言语向内部言语过渡时出现的游戏言语，它是介于有声言语与内部言语之间的自言自语的一种言语形式，它的出现标志着内部言语即将出现。

观察儿童是否经常有这种现象出现，若有，则说明他的内部言语即将出现。

分析说明：

内部言语是一种不出声的、简缩了的、具有自我分析综合机能和自我调节机能的高级言语形式，思维活动主要就是借助内部言语实现的，它是在外部言语的基础上发展起来的。出声的自言自语是一种介于有声言语和内部言语之间的语言形式。一般在婴儿期完全看不到内部言语的表现，儿童4～5岁时才有内部言语出现，成人应注意观察并通过引导儿童内部思维（如提些问题让他思考、让他计算等）的方式加以锻炼。

游戏146： 猜天气

目的：让儿童了解天气的科学常识，增强因果分析能力和预测能力。

时间：4～5岁。

方法步骤：选择在早上或晚上与孩子一起到室外观察天空的云层、阳光以及有无刮风，然后成人与小孩都对接下来一天里的天气做个预报，在"晴天、阴天、下雨"三项选择中选择一项，并专门准备个小本记录下各自的选择。接下来，依据这一天的天气实况，验证谁的预报准确，并分析预报正确和失误的原因。

如果孩子预报某天要下雨，而这天他正好要外出，就让他带上雨伞，这样能增强接下来孩子准确预报的动力。

观察一段时间后，可增加预报的内容（如冷、暖、热，有风、无风），或更加准确地预报下雨的时间（如午后、晚上），再看成人与孩子预报的准确性如何，对预报准确者给予奖励。

分析说明：

观察并预报天气是人们生活中的基本能力，也是认识自然的重要方式。这一游戏可发展儿童的观察、分析和推理能力，使其产生对自然的好奇和探索意向。成人可结合这一游戏给孩子讲一些天气方面的常识、不同季节天气变化的特点，引导孩子做天气观察记录，让他学会依据天气调整自己的生活，如天热脱衣、天冷加衣，下雨带伞、烈日带帽，根据季节选择适当的衣装。在"猜"天气的基础上，可引发孩子对更为广阔的科学领域的兴趣，让他学会通过观察、记录、思考等进而进行深入探索的基本方法。

游戏147：测注意

目的：了解儿童注意的稳定性、目的性，注意的广度和分配能力，注意的细致和深入方面的发展情况，锻炼培养儿童良好的注意品质。

时间：4~5岁。

方法步骤：给儿童一本连环画书，看他能保持注意看图画多少时间。给儿童讲故事，看他能保持注意听多少时间。任由儿童做游戏，看他能保持注意玩多少时间，然后综合评价儿童注意的稳定性。

将几个不同颜色的玩具（如橡皮娃娃）放在一个封闭的盒子里，然后打开盒盖3～5秒钟又盖上，问儿童这几个玩具分别是什么颜色的，看他能否回答正确。若能正确回答，就再增加玩具的数目，看他一次能注意多少个对象，也就是说他注意的范围有多大。

在儿童注意看某一对象时（比如看鸭子在水里嬉戏），成人可试着问他在看什么，看他如何回答。若儿童回答表现出一定的目的性，比如说："看鸭子是怎么游的。"这表明他的注意已有一定的目的性。在此基础上成人可再指令他去注意某一件事，比如看住鸡不让它吃稻子，看他完成的效果如何。

分析说明：

4～5岁时，儿童注意已有了一定发展，不仅有了无意注意，有意注意也正在发展形成中，初步形成了一定的注意品质。成人应注意培养儿童良好的注意品质，这是儿童学习和认识活动发展良好的前提，也是今后学业、事业成败的关键。对这一时段的儿童来说，最重要的是培养他注意的稳定性和目的性，因为如果不能稳定就什么也注意不了，没有目的性注意就失去方向。在此基础上，再培养他的注意广度、分配能力及其他品质。但又不能要求得过于苛刻，应在活动中逐渐发展其良好的注意品质。

游戏148： 数指头

目的： 了解儿童对数的概念的掌握情况，并发展儿童10以内的数的概念。

时间： 4～5岁。

方法步骤： 以手指为对象，首先教会儿童数10个实物，也可以给他10个玩具块让他数，看他能否数得正确。

在将上述任务弄清楚后，再教他弄清数的顺序，如：1＋1是2，2＋1是3，3＋1是4…9＋1是10。成人就此类问题提问，看他回答得是否正确。

再教他弄清数的组成，如8个玩具块是4＋4个，也是3＋5个，还是2＋6个、1＋7个，让孩子将玩具块堆成几小堆，成人就此类问题提问，看他能否通过改变玩具块小堆的方式回答，回答得是否正确。

就以上三类问题，经常变换形式向儿童提问，使他熟悉和加深对数的概念的认识与理解。

分析说明：

数的概念的形成和发展是儿童智力发展的一项重要指标，早在两岁时，儿童尚不能数数，但他已能对不同数量的糖果或玩具做出不同的选择反应，这说明他已形成模糊的数的概念。成人可以以此为基础教儿童数数，而其中掌握数量词是掌握数量关系和概念的重要手段。所以在儿童不能理解数量关系前，成人可把数词当儿歌教给儿童（如：一去二三里，烟村四五家，村童六七个，八九十枝花），然后寻找时机再教他数的概念、数的顺序、数的组成、数的相互关系等。

游戏149： 揭暗示 ◀◀◀

目的： 了解儿童对暗示的感知情况，培养他的明辨能力。

时间： 4~5岁。

方法步骤： 准备几幅带暗示性的图画，例如一幅图的主题"钓鱼"，图中的"鱼"实际上是只草鞋；另一幅为"踢球"，其中的"球"实际上是破帽子。其他两幅也是类似的图片。把图画呈现给儿童，然后分别以下列四种方式提问：

1. 你看这图上的小朋友在做什么？（图画上有暗示，提问无暗示。）

2. 你看这图上的小朋友是不是在钓鱼（或踢球）？（图画提问均含暗示。）

3. 你看这图上的小朋友钓了一条大鱼（或在踢球），是吗？（图画提问均有暗示，提问的暗示加强。）

4. 你看这图上的小朋友在做什么？有没有什么地方画错了？（图画有暗示，提问有消除暗示的作用。）

对上述问题，儿童回答时若对暗示部分仍做肯定回答，则受暗示性强（如在回答第一问时说"踢球"）；若迟疑或对暗示部分做出否定回答，则受暗示性相应较弱，亦即说明他的观察分辨能力较强。

分析说明：

儿童经验少，独立思考很少，较易受暗示，但不同儿童受暗示的程度不同。这一游戏可引发儿童细心观察，减少其受暗示的可能性。成人在生活中也可采用其他方式，经常提些带暗示性的问题，来引导儿童仔细观察和深入思考，但不宜过多，因为暗示过多会使得儿童怀疑一切，减少他对成人的信任感，这不利于儿童的全面健康成长和日后教育工作的开展。

游戏150：测记忆效果

目的： 了解儿童记忆的发展情况，并了解他在不同情境里记忆的效果如何，培养他的记忆力。

时间： 4～5岁。

方法步骤： 准备20种实物或实物图片，如布娃娃、手枪、小车、积木、香蕉、苹果、小狗和猴等。首先，在一般情境下让他无意识记：随便向儿童呈现上述实物中的8种，待孩子看清后便收起来。当最后一件实物被拿走后，立即问儿童："刚才你看到了哪些东西？"看他回答的正确率有多高。

其次，在游戏情境下让他无意识记：在上述实物中随机抽取8样，指令儿童做某一游戏，配合着儿童的游戏向儿童一一展示这8样实物。当收走最后一件实物后，立即问儿童："刚才你看到了哪些东西？"看他回答的正确率有多高。

最后，让他进行有意记忆：一开始就告诉儿童："现在给你看几样东西，你要设法记住它们，看完后再告诉我你都看到什么了。"然后再一一展示实物，展示结束之后立即提问，看儿童回答的正确率多高。

分析说明：

4～5岁儿童的有意记忆开始初步发展，但仍以无意记忆为主。一般情况下，游戏情境里的无意记忆比一般情境里的无意记忆效果要好，而有意记忆的效果应是最好的，但容易引起儿童疲劳。所以在儿童的这一阶段里，成人应尽可能使儿童在游戏情境中去增强记忆的积极性和有意性——仍然让他以无意识记为主，同时适当进行一些有意识记，培养孩子有意识记的能力。

游戏151： 因果理解

目的： 了解儿童对常见现象最简单的因果关系的理解，并发展他的求因思维能力。

时间： 4～5岁。

方法步骤： 准备一盆水，若干根火柴，铁钉、积木、硬币、空铁皮盒及装满泥土的铁皮盒各一个。依一定次序将上述物品放到水里，放下每件物品之前问儿童："这东西放下去是浮还是沉？"待他回答后再放下去验证，看他回答的正确率如何。将物品放入水中之后，让儿童直接观察物体的浮沉现象，让他试着说出沉浮的原因，看他回答正确或接近正确的情况是什么样子的。

在生活中遇到一些现象时，问一问孩子是什么原因，看看孩子回答的正确性如何。

当孩子遇到一些现象时，他会问成人："这是什么原因、什么道理？"成人不必急于直接回答，而应该引导孩子思考，让他自主寻找因果关系。

分析说明：

归因是儿童在这一阶段发展起来的一种重要的思维活动，当他看到许多新奇现象时，他会想知道是什么原因引起了现象发生。成人可利用这一时机，引导儿童思考问题，并给予儿童他可以理解的解释，以保护和促进儿童在这方面思维的发展。类似的归因问题还有：球在倾斜的桌面上掉落的原因；当用钉子钉上去它就不会滚落的原因；一条腿的桌子会倾倒的原因；等等。生活中充满了这些问题，成人应让孩子养成遇事问个为什么的好习惯，培养他具有好奇和不断探究的进取精神。

游戏152：　实物归类

目的： 通过儿童的归类活动，了解儿童概括能力的发展水平和特点。

时间： 4～5岁。

方法步骤： 准备一些不同颜色、不同用途、不同材料、不同形状的实物或实物图片，呈现在儿童面前，先要求他把其中可吃的东西分出来，看他分得是否正确、需要多少时间。

然后将所有实物和图片打乱，让他把用具类的东西分出来，看他分得如何、需要多少时间，是否有不知该如何分类的对象。

在此基础上练习一段时间后，要求他将所有东西按颜色、用途、材料、形状等进行分类。分类做得越迅速准确，越说明概括能力强；反之则说明概括能力相对较弱，日后需要经常通过分类游戏等各种活动加以培养。

分析说明：

　　经常进行分类活动，可以促进儿童认知和概括能力的发展，从而促进其整个思维的发展。当然，这种促进作用也不是无限的。成人可在儿童的游戏活动中适当安排一些分类游戏，让他注意观察哪些东西与哪些东西有相同特点、哪些东西与哪些东西不一样、哪些与东西与哪些东西的特点正好相反，并适当教会他一些与类别有关的词语。在生活中，可让孩子把生活用品归类摆放，使室内整洁有序，使其养成良好的生活起居习惯。

游戏153： 练习自我控制

　　目的： 了解儿童的自制力即意志力发展情况，增强儿童的自制力。

　　时间： 4～5岁。

　　方法步骤： 注意观察平时已对孩子说过、孩子也知道的某一项要求，他能否照着去做，比如"不要哭闹""不要打人"。看他在要哭闹、要打人的时候能做到多大限度的忍耐，忍耐力越强，说明意志力越强。

　　让儿童玩分类游戏或其他游戏，成人告诉儿童要专心做，然后成人在旁边打开电视机看儿童平常喜欢看的电视节目。观察儿童能在多大程度上有意控制自己不看电视，并比较开电视与不开电视两种情况下儿童分类的速度、完成分类的质量有多大差别。

　　在让孩子得知午饭做好后，告诉他："再过10分钟就吃饭。"在此期间，不给孩子吃任何东西，看孩子估计的10分钟与实际的10分钟相比是长还是短、差别多少。如果要短很多，则说明孩子自制力较差。

这一时期儿童的自制力还很差，但儿童自制力的强弱与平时成人是否有意识地培养关系很大，常常受家长娇惯的孩子自制力往往更差。同时，自制力也是随着年龄的增长而增强的，培养提高自制力的有效途径有：降低儿童的紧张程度，培养他的习惯和认识，适时给儿童以语言指示，增强儿童活动的动机和目的性等。过分溺爱、有求必应常常是儿童自制力差、意志薄弱的外部环境，成人应尽可能不造成这样的环境，同时通过适度劳动、节制来增强孩子的自制力。

游戏154：　测有意想象

目的： 了解儿童想象发展的情况，发展儿童想象的有意性和目的性。

时间： 4～5岁。

方法步骤： 首先了解儿童想象稳定性情况，要求儿童做某一主题的游戏，比如做饭，看他能将想象稳定在这一主题（即连续做这一主题）的游戏有多长时间。

再看儿童想象的目的性：让儿童绘画，观察他是画成什么就说是什么，还是先说想画什么才画出什么；让儿童做泥工，观察他是将泥团做出什么就说是什么，还是先说想做泥人（或泥手枪或其他形状），然后再做出泥人（或手枪）的样子来。前者的目的性弱，后者的目的性强。

最后看儿童是否能区分清楚想象与现实，即他说话时是不是对想象与现实不加区分，把想象的东西说成是现实的，或把现实的东西说成是想象的，或将现实夸大许多，或过分夸大事物的某些特征等等。

分析说明：

事实上，3岁儿童已经有了想象，但内容很宽泛，有意性很差，且都是想过去生活中经历的事。4～5岁时，有意想象开始发展起来，这是发

分析说明：

展儿童想象力的重要时机。有意想象在孩子行为上的显著表现就是：先想好以后再做，要鼓励儿童大胆去想象，并增强儿童想象的目的性、丰富性、精确性。平日里给孩子讲些故事，丰富他的想象，说话时多用手比画等，都有助于儿童想象力的发展。

游戏155： 谁好谁坏

目的： 了解儿童道德评判能力的发展情况，并发展他的道德评判能力。

时间： 4～5岁。

方法步骤： 先向儿童讲述一组故事：第一个，某小孩有意伤害别人（或损坏东西），后因被害者发现而未造成伤害结果；第二个，某小孩有意害人，结果害得被害人跌了一跤；第三个，某小孩未能想到自己某种行为的后果，无意中使他人遭受了重大损失，被害人甚至有生命危险。然后问孩子这三个小孩哪个最坏、哪个次之、哪个本身不坏，看他是怎样回答的，适当加以讨论。

找些儿童身边发生过的生活事例，与儿童讨论某人做某些事是好的表现，某人做某些事是不好的表现；或由儿童提供他亲身经历的某件事，待儿童陈述清楚后，成人与儿童进行讨论。

经常就具体的事例进行这样的讨论，可以提高儿童的道德评判能力。

分析说明：

4～5岁的儿童已能开始对各种道德行为做出评价，但这种评价往往不全面——孤立地看待某件事，重视行为所引起的后果，不重视行为的动机。这显示出儿童的道德评价能力还很弱，成人应根据这一情况，时常就身边发生的事与儿童进行道德评判方面的讨论，以提高儿童的道德评判力。同时，这也是使儿童形成良好的道德品质、建立初步的道德是非标准的手段。

游戏156：　模仿－取代

目的： 了解儿童自我意识的新发展，并引导儿童自我意识朝正确的方向发展。

时间： 5岁左右。

方法步骤： 观察儿童的言行，将他此时的表现与游戏131的自我表现进行比较。若常常会出现"××人有大本事""××跑得飞快飞快的""××一下子就把那头牛逮住了"等赞叹语气，即表明他已进入模仿－取代阶段。

这些由他亲历或通过其他媒体感知、被他赞叹的人，就成了他模仿的对象和崇拜者，同时出现了"我是××"（例如不少孩子看了奥特曼就说："我是奥特曼！"）的说法，孩子会把自己说成是他崇拜的那个人。

成人可以有意识地提供一些科学家、历史伟人、本族先贤的影像、图片、事迹给儿童，让这些尽可能内化到孩子的心中，成为他模仿—取代的对象。

分析说明：

这个阶段从某种意义上说是与自我表现的逞能阶段相对立的，这是因为儿童知道了自己的本领有限，而宁愿借别人的才能来自豪，但并不是就此完结，儿童从此开始模仿自己所崇拜的人，并有取而代之的意图。因而这阶段充满了竞争精神，成人应把儿童这种竞争精神引导到他对自然和社会的认识及其自身的发展方向上来。一般儿童的崇拜者可能就在他身边，也可能来自电影、电视、期刊、网络或其他媒体的信息，所以成人应保证儿童视野的清洁，防止他与不良行为的来往，防止他接触不健康的电视、录像、电影、期刊或其他信息，应引导他们模仿真正经得起时间和历史检验的历史人物，学习他们的品质。

游戏157： 初辨左右

目的： 了解儿童方位知觉中辨别以自身为中心的左右方位能力的发展情况，并培养儿童的空间能力。

时间： 5岁左右。

方法步骤： 分别就以下问题向儿童提问，看他回答的准确率有多高：

（1）"哪是你的左手？哪是你的右手？"同样地，问脚、眼、耳、鼻孔等。看他回答的正确率如何，反应的速度是否快。

（2）"桌子在你的左边还是在你的右边？"同样地，问他身边的其他景物。看他回答的正确率如何，反应的速度是否快。

（3）"灯在你的左上方还是在你的右上方？"同样的问题，问他上方的其他景物。看他回答的正确率如何，反应的速度是否快。

（4）"花钵在你的左下方还是在你的右下方？"同样的问题，问他下边的其他景物。看他回答的正确率如何，反应的速度是否快。

分析说明：

儿童要经过长期而复杂的发展过程，才能正确地掌握左右概念。这比掌握上下、前后的概念要难很多。儿童掌握左右概念的水平从侧面反映出儿童思维发展的水平，首先他必须以自身为出发点，构成感性推算系统，然后在此基础上形成有关的词的"左""右"联系，形成言语推算系统。5岁时，孩子一般还不能理解左右的相对性，成人可在与其交谈时经常使用左右概念，并将它与之前形成的上下、前后概念联系起来使用，这对他整体方位概念的形成是有效的。在儿童已有左右概念后，还要经常使用和巩固，否则过一段时间后他又未必分得很清楚了。

游戏158： 辨别混合色

目的： 了解儿童第二信号系统的分化抑制水平及其在儿童辨别颜色上的

具体表现，培养儿童对不同颜色的分辨能力。

时间：5岁左右。

方法步骤：准备若干种混合色的物品，其中某种混合色可以浓淡不一，如粉黄、杏黄、鹅黄、金黄、深黄等，让儿童辨别它们有什么不同。有的还要说出颜色名称；有的不好说颜色名称的就让他比较色的浓淡，看正确率有多高。

有颜色名称的颜色，儿童说不出的成人先告诉他，过一段时间后再向孩子提问，看他答对的概率有多高。

准备一些同颜色但浓淡程度稍有差别的纸条或布条，将它们混杂在一起，让儿童依据浓淡次序将它们排列起来，看他排列的速度和正确率。

分析说明：

儿童对各种事物差别的分辨力是儿童观察力发展的一个重要标志，因为只有分辨出事物之间的不同，找到特殊性，才能认识和掌握事物的特征。而到了5岁左右，儿童的分辨力在很大程度上受词语亦即第二信号系统的制约，所以成人在向儿童讲述某件事物时，最好能用词语来描述它的特征，如红色的苹果、紫色的茄子等。此外，儿童的辨色能力还受到最基本的智力素质以及他辨色实践多少的影响，成人让儿童进行一些辨色游戏会对提高儿童辨色能力产生很好的作用。由于颜色的种类繁多，成人不要急于求成，以免孩子一下子接触过多而产生厌烦心理。

游戏159： **做规则游戏**

目的：了解儿童对游戏规则的遵守情况及控制自己行为的能力，并培养这种能力。

时间：5～6岁。

方法步骤：成人跟孩子捉迷藏，当孩子藏起来后，成人故意装作无法找到他。过几分钟后，看孩子是否能抑制不住地喊"爸爸，我在这儿！"来暴露自己，或干脆走出躲藏的地方。如果他这样做，则说明他尚无充分的规则意识。

若测得孩子已有规则意识，让他带一个2～3岁的孩子藏起来，小孩子等了一会儿肯定会按捺不住地叫起来，看大孩子如何教小孩子遵守规则。大孩子若有阻止小孩违反规则的行为，则表明他已有一定的控制能力。

布置一项有着严格详细规则的游戏，观察他遵守规则的情况。当别的儿童违反规则时，看他有何反应。

让孩子自己组织父母做规则游戏，观察他组织得是否严密、规则是否明晰、分工是否明确。

同样的游戏，还可以有猫捉老鼠、狼捉羊、捉龙、老鹰抓小鸡等。

分析说明：

规则游戏是一种发展较晚的儿童游戏，往往要多个人在一起才能进行，只有到5～6岁时，随着对规则的认识和随意性的发展，孩子才能较好地遵守游戏规则。尤其是规模较大的集体游戏，既需要事先有计划，又需要分工协作、分配角色，有时持续时间可能还较长，更需要儿童控制自己的行为，同时发挥想象和思维的作用。在5～6岁以后，让儿童参加或组织一些大型综合性的游戏，对儿童各方面的发展都很有益。

游戏160： 小种植 ◀◀◀

目的： 引发儿童对生命生长的认识和兴趣，并培养他独立进行种植活动的能力。

时间： 5～6岁。

方法步骤： 在适当的季节里，找一小块有土壤的地方（城市无场地可直接用花钵），让儿童松土，并用自己的方法（农村小孩子对成人的耕种进行过观察，对他们而言这种活动便有了一定模仿性；城里的孩子可用花盆之类的盆钵装土）把种子种下，种子不同，深浅也不同。

要求孩子接下来全程负责管理养护，如定时浇水、松土，直到所种植物发芽、生长、开花、结果，有时还要防治虫害。

分析说明：

儿童出于好动、好奇、好表现的心理，一般对各种活动都会感兴趣。但有时他只知道活动过程，不管活动结果；或只想获得活动的结果，不想经历耐心复杂的过程；或急于求成，迫不及待，不能坚持。比如种植时，有时把种子埋得很深，并不考虑植物的萌芽是否出得来。种子种下后，可能觉得什么地方不满意，又把它挖起来再种，如此便可能破坏种子。成人要根据实际情况告诉他一些植物生长的知识，使孩子在知识、能力、智力、体力、耐力、对人对事态度等各方面都能有相应的收获。类似的活动还有饲养小动物、栽树等。

游戏161： 小制作 ◀◀◀

目的： 引发儿童对创造新价值的兴趣，并培养他独立进行制作活动的能力。

时间： 5～6岁。

方法步骤： 在儿童吵着要某种玩具时（比如手枪），成人鼓励他说："你自己做一个吧！"

待孩子同意后，成人给予适当的指导，帮助他准备所需材料，让孩子自己亲手完全成制作（可用泥、木头、纸、棕叶等多种材料）。制作过程中若孩子出现孩子解决不了的问题，成人再给予适当的帮助。

有了一项成功的小制作后，再鼓励孩子依据自己的兴趣、爱好、需求，有意识地去搜集材料、设计思路，自己动手做自己想要的东西。再把孩子小制作的各种作品放在一个固定位置展示出来，让来家中的客人欣赏，作为对孩子的激励，以促使他去更仔细地观察、收集更多的材料，进而动手制作更多的物品。

分析说明：

儿童小制作能够做的东西可以说数不胜数，它不只能满足孩子的很多心愿，还能发展他的想象力和动手能力，增强他的独立性。利用一些废旧物品（如包装盒、饮料瓶等）进行小制作，还能使孩子养成充分利用可用资源、节俭生活的好习惯。这个年龄段的孩子常常将复杂的问题想得过于简单，只有通过实际操作，他才能使想的与实际可操作的趋于接近。小制作对儿童发展的积极意义很多，其中最重要的是激发他对动手动脑创造新价值的积极性。类似的活动还有小手工、小管理等。在制作过程中要注意安全，尤其是在使用刀、剪及其他可能造成伤害的工具和材料时，要注意防护。

游戏162： 练独白

目的： 了解儿童独白言语的发展情况，发展儿童的言语能力。

时间： 5～6岁。

方法步骤： 在儿童进行某一项活动或归来后，成人见到孩子应主动向他提问，比如："今天的电影好看吗？""这些天你都干了些什么？""到××地方看见什么啦？"诸如此类。看他能否把自己的经历、见闻、体会、意向和印象较完整地报告和陈述出来，陈述的好坏也就是儿童独白语言发展好坏的表现。

在他的独白言语有了一定发展之后，成人讲述一些短故事，待儿童听明白后，让他再讲给另一个人听。看他讲的完整性如何，有多大的简省。

让孩子看一段电视片段或一本小画书，再让他把其中的内容口述给另一个人听，看她口述得是否完整、有条理。通过这种方式，常常让孩子练习，从而培养和检查儿童的独白言语能力。

分析说明:

3岁以前的儿童只会使用对话言语，问一句，答一句。随着儿童独立性的发展，他会离开成人进行各种独立活动，而他要把这些活动中的所见所闻告诉给成人，就需要使用独白言语。到了5～6岁，儿童的独白言语有了迅速发展，他甚至能条理清晰、有声有色地系统叙述自己在相当长的一段时间里较复杂的活动或见闻。成人应利用这一机会，常和儿童交谈，这对他的言语、知识、思维、情感等各方面的发展都是一种促进。

游戏163: 测问题言语

目的： 了解儿童内部言语的新发展，促进儿童运用内部言语进行思维活动。

时间： 5～6岁。

方法步骤： 观察儿童的游戏或其他活动，在他遇到困难或他之前未遇到过的情况时，看他是否会有一些简单、零碎或压缩过的词句以自言自语的形式出现，比如"怎么搞的？""怪事！""哎哟！"等，若有此类现象，则说明儿童的问题言语已出现。

让儿童观看一些意境奇妙的电视节目，做一些他之前尚未进行过的大型游戏，动手做一些科技小实验，从而培养他的问题言语，发展他的内部言语。

在和儿童下棋或玩其他需要较高智力的游戏时，观察儿童在遇到一些相对复杂的思维和决策过程时，是否不声不响地就做出了决定。如果这种表现增多，则说明儿童的问题语言发展的水平较高；如遇到上述情况时他总是口中念念有词，则说明其问题语言发展尚不充分。

分析说明：

　　问题言语是内部言语中较游戏言语要高一个层次的言语。问题言语的出现，说明儿童的内部言语得到了进一步发展。有成人在场时，这种言语会逐渐减少甚至不发声，而在孩子单独游戏时则常出现，所以上述观察要注意方法。日后，这些言语都将转化为完全不出声的内部言语。内部语言的丰富和发达能使人的思考更为流畅、简捷，是人的智能高度发展的重要标志。所以，五六岁以后老是滔滔不绝的孩子未必思考深入，反倒是那些少言少语的孩子，可能是深入思考者。

游戏164： 估时间

　　目的：了解儿童对连续性和顺序性的认识能力，并促进儿童时间知觉及时间认识能力的发展。

　　时间：5～6岁。

　　方法步骤：先以"天"为单位，运用昨天、今天、明天、后天、大后天、前天、大前天等概念对孩子进行提问，看他能否正确运用这些时间概念回答问题。

　　然后依次以几点钟、几个星期、几分钟、几个月、几秒钟、几年等概念与孩子交谈，看他能否正确运用和理解这些时间概念。

　　成人先跟孩子说好一起做估时间游戏，准备秒表一块，成人说"开始"即让儿童开始计时，5～10秒内选某一时刻说"停"即停止计时。问孩子经过了多长时间，并对照表上实际走过的时间，看孩子回答的准确率如何。

分析说明：

　　对时间关系的反映，要求儿童抽象思维能力和其他认识能力高度发展，因为时间这一因素没有直观的形象可供分析器去直接感知，而且表

分析说明：

示时间的词往往具有相对性。5～6岁儿童的时间知觉开始发展，但还很不准确、不稳定，只有对5秒钟左右的短时距的知觉准确度和稳定度较高，有时还会把时间和空间观念混在一起。这些都要求成人引导儿童多使用时间概念，多让儿童对时间进行感知，以此来逐渐提高儿童的时间知觉能力。

游戏165： 测综合方位知觉

目的：了解儿童对各个方位的全面知觉发展情况，培养他的综合方位知觉能力。

时间：5～6岁。

方法步骤：准备一个被架起来的方盒子，它的每个立面都有上中下三排、左中右共9个抽屉，四个立面共有36个小抽屉；另外准备36种小玩具。然后当着孩子的面说："现在我把这些小玩具分别放进这些小抽屉里去，你注意看着，待全部放好后，我点小玩具的名字，你再把我点到名的玩具找出来，好吗？"

孩子表示听明白后，成人即当着孩子的面把36种小玩具装进36个小抽屉里，然后点玩具的名字，让孩子去找，看他第一次就找对的概率有多大。若他不能完成，则过一段时间再做这个游戏；若他能很轻松顺利地完成，则可延长放玩具与开始找玩具之间的时间再进行游戏，并同样作上述记录。

在能够做好上一游戏之后，成人背着孩子先把玩具放好，然后指出所要玩具的方位让孩子去找玩具，例如成人说："请把右面的左下抽屉里的玩具拿出来！"看孩子理解和拿的动作是否准确迅速。然后接连说明若干个方位，看孩子的反应是否正确迅速。

这一玩法用了前、后、左、右、上、中、下等概念，而且立方体四面与每一面中的上中下、左中右是两个层次的空间体系，若儿童能较迅速准确地完成这一游戏，则说明儿童方位知觉已有了相当大的发展。但一般儿童对左右的相对性理解还不深，有待日后继续锻炼发展。

没有条件做36个小抽屉的家庭，可在方纸盒的四个立面上每面划9个方格，每格上方钉一枚图钉，图钉上挂有各种物件的图片，图片外表用一白纸盖上，用这一模具来替代立方盒子的小抽屉。

游戏166： 摇鼓敲锣

目的： 了解儿童注意分配和左右手协调发展情况，促进儿童注意有效分配和转移能力的发展。

时间： 5~6岁。

方法步骤： 准备小手鼓一个、小锣一面（可用搪瓷盘代替），然后让孩子左手拿锣锤，右手拿手鼓，让他敲出"咚咚呛"的节奏，即鼓响两声锣响一声，看他敲出来的节奏是否整齐连贯，摇鼓与敲锣能否衔接得当。

父母吩咐孩子先花10分钟看电视或看完某个电视节目，然后写字或画画，并将自鸣钟闹铃调到10分钟后。要求一听到铃声就去写字，看他到时候能否及时转移注意。

当孩子正着迷于某一件事时，成人告诉他发生了某一新的情况，要求他立即中断目前的行为，看孩子能否中断并转向新的事。

儿童的注意分配和转移能力是很差的，5~6岁时才开始在这方面稍有发展，所以这里先选了一个较简单的游戏。儿童不熟练时，他要把自己的注意分配成摇鼓和敲锣两个方面，或是先注意摇鼓，

分析说明：

然后把注意转移到敲锣上；一旦熟练了，他可能就会把摇鼓与敲锣当成一个对象加以注意，这一操作也就不能成为了解儿童注意分配和转移的游戏了。不过对5～6岁的儿童来说，这一游戏一定程度上还是能说明儿童注意的分配和转移情况的。后两个游戏完全是为了了解儿童注意的转移情况，若他能按时停止看电视去写字，停下自己正感兴趣的事去做家长要求他做的某件事，则说明注意转移迅速。

游戏167： 借物记词

目的： 了解儿童词的抽象记忆发展情况，并促进这种发展。

时间： 5～6岁。

方法步骤： 先告诉孩子注意记下一组实物和词，将一组8件孩子已熟悉的实物一一展示给孩子看；然后将一组8个儿童熟悉的词一一读给孩子听，实物与词之间一一对应。如第一个出现的实物是球，那么第一个出现的词也是"球"，其他依此类推。

过一段时间后，让孩子回忆自己所见过的实物和所听过的词，看他回答这两项的正确率分别有多高。

用上述同样的方法，换一组孩子生疏的实物和一组孩子生疏的词，再看他回忆的正确率分别有多高。

分析说明：

儿童出生后半个月左右就产生运动记忆，0.5岁时开始有情绪记忆，6～12个月间产生形象记忆，1岁左右就开始有词的记忆。但由于词的记忆较复杂，发展较慢，直到5～6岁，儿童词的记忆才有飞跃性的发展。可他一开始还是记住那些形象的词，总的来说还是形象记忆占主要地位。但这时词的记忆发展速度已高于形象记忆发展速度，且在许多形象记忆中词起着一定的巩固促进作用。所以成人应抓住这一时机，通过词的记忆实践发展儿童词的记忆能力。

游戏168： 定顺序 ◀◀◀

目的： 引导儿童对事物顺序性的认识，并培养依据顺序陈述表达的能力。

时间： 5～6岁。

方法步骤： 在孩子起床后，让孩子边做边说：首先，把上衣穿起来；其次，穿裤子；最后，穿鞋。在孩子生活起居中有顺序的活动还有很多，如先洗手，再吃饭，后收餐具。可让孩子依据自己的体验，说出各个动作的先后顺序。

再让孩子观察自然现象，例如，首先看见闪电，然后听见雷声，最后就下雨了。让孩子自行观察自然界的各种现象，然后依顺序陈述出来。

若孩子对自然现象的观察和陈述都很熟练，再让他观察分析一些社会现象，找出它们发展的顺序，并依顺序陈述其过程。

若发现孩子对事物的三步发展过程很熟悉，又遇到四步、五步的发展过程，成人可让他用"第一、第二……"等词依次给它们排序。

分析说明：

顺序性是众多自然和社会现象都存在的特征，5～6岁的儿童能按一定的顺序识别和认识事物，并用"首先、其次、最后"等词表达顺序性。成人应抓住这个时机，引导孩子发展他对顺序性的认识，并提高其表达能力，这有助于提高孩子的逻辑思维能力，有助于增强其认知发展的有效性和条理性。儿童的观察结果有时可能与事实不符，成人不要简单否定，而应让他继续观察、分析；当在一些带有主观性的顺序描述上，儿童与成人出现分歧时，要相互商量。在孩子进行某一活动时，也可让他先定顺序，然后让他依顺序去行动。

游戏169： 练意义识记

目的： 了解儿童意义识记发展情况，将意义识记与机械识记的效果相比较，发展意义识记。

时间： 5～6岁。

方法步骤： 准备几组有意义联系的图片，如雨衣—伞，黄色—稻子，铅笔—橡皮，大夫—护士，打球—跳绳，山—海，香蕉—苹果，火车—铁路等。

几组无意义联系的图片，如桌子—太阳，灰色—厕所，尺子—月亮，黄瓜—锄头，火车—牛，积木—狗，脚—石头，钟—筷子。

几组有意义联系的词，如门—窗户，树—叶子，小汽车—公路，笔—书，学习—写字，昨天—今天，成绩—缺点，概念—抽象。

几组无意义联系的词，如车子—太阳，教室—猫，电灯—云，衣服—船，头发—吃饭，压力—走路，跳跃—精华，勇敢—课桌。

将上述材料依次呈现给孩子，然后按呈现的次序再出示每对图片中的一张图或一个词，让孩子回忆另一张图或词。统计孩子记忆的成绩，再问孩子是怎样记住的，有没有用什么方法。比较两种不同记忆方法的效果。

分析说明：

5～6岁的儿童，其意义识记的效果大约是机械识记效果的9倍。但由于儿童缺乏经验、理解力差，许多本可意义识记的，他仍采用机械识记法，所以这一时期他主要采取机械识记的方法记忆。因此，成人应正确教育引导，使儿童更多地理解记忆材料，利用意义识记的方法来增强记忆效果，并使儿童很自然地掌握意义识记方法、提高意义识记能力。但要注意，不要给孩子施加过重的识记负担。

游戏170： 复述故事

目的：了解儿童记忆恢复现象的变化规律，并运用这一规律发展儿童的记忆。

时间：5～6岁。

方法步骤：准备一个适合孩子此时水平的故事，若有条件，最好用录音机播放故事，让孩子听完后加以复述，并录下孩子复述的内容。播放故事之前，告诉孩子要仔细听，把故事记住，等一会儿要由他来讲故事讲给别人听。

给孩子播放完故事后，在不同时间段要求他分五次（立即、1天后、3天后、7天后、两星期后）复述故事内容。各次复述完成后，依据录音将他每次复述的意义单位与原故事进行比较，看有何差别。

将孩子五次讲的录音一起放给孩子听，使他知道自己后来越讲越少，并告诉他：要记住一件东西，就应在记住后时常回忆。

分析说明：

从这一游戏中可以看出：儿童第一次复述的意义单位最多，一天后、三天后减少很多；再往后，减少的势头就降下来了。所以对那些需要儿童记住的材料，最好在孩子记住后的一两天内让他时常回忆，问他记住了没有，这样有助于巩固记忆的效果。同样需要注意的是，不要让孩子记忆负担过重。

游戏171： 比后退

目的：促进儿童腰部血液循环，增强脊柱的稳定性，提高儿童知觉整体性、恒常性以及身体平衡能力。

时间：5～6岁。

方法步骤：选择一块开阔平坦的场地，成人与孩子一起向后退着走，看谁退得又稳健又快速。

上述动作熟练后，不再要求后退时一只脚的脚尖紧跟着另一只脚的脚后跟，而是可以向后跨比较大的步子。成人与孩子一起比后退，看谁退得又快又稳健。

作为常规练习，一般成人可每天都与孩子做一次后退游戏，每次时间以10～20分钟为宜。

分析说明：

人体是以脊柱为中轴支柱的，其中以腰椎承受的重量最大，活动也最多。向后退是一个伸髋展腹的过程，这既能使腰背部的肌肉放松，又能使伸脊柱肌受到锻炼，活动能力增强，还能减少脊柱前屈时对腰部椎间盘的压力，从而使腰部血液循环得到改善，使腰部组织的新陈代谢加快，使脊柱的稳定性得以加强。儿童在后退时，可以转过头来看看身后的路面情况，但不能老是回头向后方看，而是根据他偶尔回头看过的情况进行预测。假如知觉整体性和恒常性不好，孩子就不敢向后退，或后退时步子不稳，容易跌跤。做游戏时要特别注意安全，防止儿童跌倒或撞倒，注意不要在有行人和车辆行驶的地方后退。

游戏172：　试探模仿性

目的：了解儿童的言语、活动受外界的影响，即儿童模仿性发展的情况。

时间：5～6岁。

方法步骤：首先问孩子："你昨天到哪儿去玩了没有？""看见了什么？"听儿童的回答。然后成人讲述自己昨天的某一见闻，最好与前面孩子的讲述内容有较大差异，然后反问孩子："你昨天还见到了什么？"注意听孩子的回答。

若他这次回答的内容与成人听说的内容越接近，说明他的模仿性越强；

若他说的内容偏离很远，则说明他或是有创造性，或仅是为了斗嘴，这要根据孩子对成人所说内容的理解程度，以及孩子所说内容的新奇与平淡情况做具体分析。

确定孩子有一定模仿性后，成人带着孩子一起跳简单的"十字步"舞，看他模仿得是否较快、较准确。若他模仿得很快很准确，可再选择一些舞蹈或语言方面的内容让孩子模仿，启发幼儿通过"模仿"学习生活、熟悉生活。

分析说明：

"模仿"是儿童在初级阶段的一种重要学习方式。在与儿童的对话中，模仿性是儿童的一个普遍表现。本游戏中，儿童前一回答是儿童想到什么便说什么，而后一回答在很大程度上则有模仿成人讲述的成分——其内容越相近，或与成人所讲内容的相关程度越大，说明模仿力越强。相反，若儿童能另辟蹊径，说出一番与成人所说的关系不大的景象，则说明他的独创性较强，或根本就没有理解成人先前的表述。这样的对话也可在很多小孩之间进行，很可能前面的小孩说了，后面的小孩就没有什么内容可说了，只能说"我也……我也……"之类的话。模仿性对于孩子迅速学习特定内容有很大帮助，但对创新性又有一定的抑制作用。

游戏173：测创造想象

目的： 了解儿童创造想象的出现和发展情况，并发展儿童的创造想象。

时间： 5~6岁。

方法步骤： 讲一个故事给孩子听，讲之前即明确告诉孩子要他去把故事讲给另一个人听，或复述给原讲述者。注意他在复述的时候是否增加了某些情节，或夸大了对某个方面的描述，若有，即说明创造想象已开始出现。

观察孩子的游戏，注意他在游戏中有无新的做法、新的编排、新的组合等。若有这些表现，也足以说明他的创造想象已开始出现，并已达到一定水平。

成人用黏土捏一些动物的头、耳朵、脚、躯体、尾巴、翅膀等，但这些器官都不是同一种动物身上的。做成这些后，由孩子把它们"组装"成一个动物，看孩子完成得如何。若他能组装起来，即说明孩子具有一定的创造想象。再问他为什么要这样装各个器官，根据他的回答，即可确定他创造想象的强弱。

分析说明：

创造是每个人在进化过程中获得的天性，也就是说每个孩子都具有先天创造性。创造想象是高水平的想象，它要求有较多的独立性和创造性，一般4岁以下儿童的想象基本上没有什么创造性表现，属于再造想象；5岁以后，天赋的创造想象开始出现；到6岁时则较显著地表现出来，但相对来说还是属于较幼稚阶段。如果在这个时机多加鼓励，孩子的创造能力就能获得较好的发展；如果在一个无视甚至压制创造的环境中生活，孩子就会日渐平庸。成人应鼓励儿童多进行创造想象，多做这方面的游戏，这对培养孩子的想象力、发展孩子的智力，使其在日后的学习和工作中发挥创造力是极为重要的。

游戏174： 比家庭

目的： 使儿童认识不同的家庭结构，了解家庭内外的亲属关系，发展儿童的社会交往能力。

时间： 5～6岁。

方法步骤： 成人和孩子一起将自己的家庭与邻居、幼儿园小朋友或其他所熟知的家庭进行比较，可以比较的方面有：

1. 所住地理环境。例如：我家住在乡村，某某家住在城里；我家住在某省某市某街道，他家住在某市某区某街道；两家周边的环境比较（有什么山，有什么河，有什么其他景观）。

2. 家庭成员。例如，我家一起生活的有爸爸、妈妈，他家一起生活的有爸爸、妈妈、姐姐、爷爷、奶奶、姥姥、姥爷等。

3. 自己在家庭中的角色。例如：我是姐姐，我家还有个妹妹（或弟弟），我要照顾好他；我是家里年龄最小的，大家都照顾我，我生活得太幸福了。

4. 家里的设置。我爸爸是教师，家里到处都是书；他爸爸是司机，家里有好多汽车用具和模型等。

分析说明：

通过比较不同的家庭，让孩子认识不同的家庭结构。通过认识家庭，了解自己与各位家庭成员的关系，了解自己与社会的关系，理解亲戚关系、邻居关系、朋友关系，意识到自己在家庭中的责任，学会各种称呼，培养孩子有礼貌、讲文明的习惯，发展其社会交往的能力。

游戏175： 测数目对应守恒能力 ◀◀◀

目的： 了解儿童对数目和空间关系的理解力发展情况，培养其理解能力。

时间： 5～6岁。

方法步骤： 在桌上将8个杯子放成一排，让孩子在每个杯子旁边对应地放一块积木，待放完后，成人问孩子："你看桌上的杯子与积木一样多吗？"如果孩子还回答不上来，就不要急于做这个游戏，过一段时间再做；若孩子回答"一样多"，就接着做。成人让孩子把积木拢成一堆，再问："你再看桌上的杯子与积木是一样多的吗？"若孩子仍回答是一样多，则说明他能理解数目守恒和空间变化之间的关系；若孩子回答"不一样多，杯子比积木多"，则说明孩子尚不能理解数量与空间的关系。

把长、宽、高均相等的长方体积木分成12块和8块两组，12块一组竖着并排排列，8块一组横着并排排列，使两组的首尾平齐，如图所示：

⬜⬜⬜⬜⬜⬜⬜⬜⬜⬜
⬜⬜⬜⬜⬜⬜⬜⬜⬜

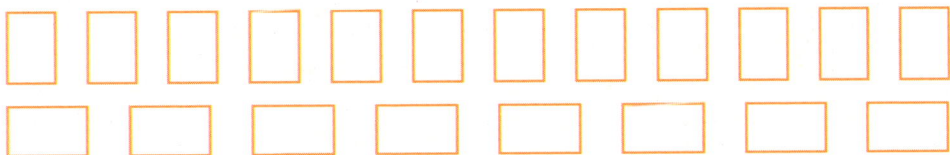

问孩子："两排积木一样多吗？"看他的回答正确与否。若孩子回答"一样多"，则表明他还不能理解数量与空间的关系；若回答不一样多，则说明他能理解数量与空间的关系。

分析说明：

在做本游戏时，若孩子不能做出确的回答，不要轻易告诉他正确的答案，而应留有余地，让孩子自己去进行思考，待时机成熟再做；或寻找一条可以引导他思考获得正确回答的路，比如让他数一数积木是否一样多。游戏中的操作，由儿童亲自动手为好，杯子和积木排列的图案可以进行多种变换，比如圆形、方形、三角形等。成人可根据儿童的理解能力及其他具体情况变换排列。

游戏176：比长度

目的： 了解儿童对长度及其方位变换关系的认识和理解情况，培养儿童对长度守恒的可逆性理解力。

时间： 5～6岁。

方法步骤： 准备两根等长的棒子，先把它们并在一起水平对齐放置，问孩子："这两根棒一样长吗？"一般孩子的回答是"一样长"。再把它们错开一定距离平行放置，如图所示：

————————————

————————————

先让孩子从左边看，问孩子："这两根棒一样长吗？"若他说"不一样"，再问："哪一根长些？"一般孩子会回答说："不一样，下一根长些。"再让孩子从右边看，并问他："再仔细看哪根长些？"一般会回答："上一根长些。"再追问孩子："你先说下面一根长些，后说上面一根长些，到底哪根长？"这时孩子若能顿悟般回答："一样长！"则说明孩子已具有一定的可逆性理解力；若不能这样回答，则说明尚其无这种理解力；若一开始就说一样长，则说明他这种理解力很强。

分析说明：

　　5～6岁儿童在两根棒并齐放在一起时可正确地比较它们的长短，但缺少可逆性、整体性与守恒性的认识，因此，让他从左边看时，他只注意到左边参差的部分，让他从右边看时，他又只注意到右边参差的部分，忘了前面已看过两根棒子等长。所以再问他："到底哪根长些？"他可能会说"上面一根长些"或"下面一根长些"。当然，也有少数孩子的空间想象力可逆性较强，可能会一下子就得出"一样长"的正确结论。

游戏177： 比液体多少

目的： 了解儿童对体积相互逆补关系的理解性，培养儿童对液体体积守恒的理解力。

时间： 5～6岁。

方法步骤： 准备几只高矮粗细不同的杯子（最好用带刻度的试管）和带颜色的液体（比如在水中滴若干滴墨水）。先让孩子向两只粗矮杯里倒一样多的水，然后再让他将其中的一杯倒入高细的杯子里，问他："两个杯子里的液体（水）是一样多的吗？"若他回答不上来，可让他先在粗矮杯的水面线附近画一道标记，待该杯水倒出后，再将水倒回该杯，待水面升到画线处为止。

　　若他回答"不一样多"，再问他："为什么不一样多？"此时将细杯里的水倒回粗杯，他会从直观上看出水还是一样多。成人再追问是不是一样多，若他回答"一样多"，则再追问他："刚刚说不一样多，现在又说一样多，到底是怎样？"引导孩子对粗杯、细杯的体积关系进行思考，直至能理解他两者的体积是相等的关系。

在上述游戏能被理解的时候，再用更多的形状不规则的杯子或容器做这一游戏：一是增加杯子的数量，比如三个、四个甚至五个；二是让杯子的形状尽可能多样化，如圆形、方形、梯形以及各种不规则形状。

分析说明：

这一游戏可用杯、盆、试管等多种器具做，做的时候仍然要求儿童自己操作。一般儿童无法在心理上产生可逆性，不能理解粗杯和细杯之间这样的互补可逆关系。若儿童能通过自己的思考作出正确的回答，则说明他的思维和推理能力已有了一定的发展，成人可以通过更多类似的游戏来锻炼儿童的理解力、想象力和思维力。一旦孩子理解了相同液体的体积守恒关系，他就不用作任何思考即可回答"相同"，那时这个游戏就没有再做的必要了。每次倒出液体时，要尽可能倒干净，最好用不易碎的容器，以免碎片割破手脚造成伤害。

游戏178： 比面积大小

目的：了解儿童对面积可逆互补性的理解，培养儿童对面积守恒的理解力。

时间：5～6岁。

方法步骤：准备两块大小相等的纸板代表草地，每块纸板上分别放6个大小相等的纸房子代表牛舍，然后分别放一头小纸牛。让儿童把其中一块纸板上的牛舍并排放在一起，另一块纸板上的牛舍则零散地放在纸板上各个不同位置，如图所示：

然后问儿童："两头牛能吃一样多的草吗？"即问纸板上所剩的面积是否相等，看儿童能否正确回答。若他能正确回答"一样多"，则说明他可逆推理能力已相当强；若不能回答，成人不要直接告诉他正确答案，可以把零散的牛舍并在一起，或通过其他方式启发儿童自己得出正确结论。

改变形式，再做上述游戏。

分析说明：

这一游戏中所提的问题，大多数儿童可能无法一次就正确回答，但也可能有个别的儿童可以一次性回答正确。这一问题的难度在于：第一步，儿童要理解牛舍并排放与零散放所占面积是相等的；第二步，总面积相等，减去几个等面积的牛舍所占的面积，最后得出的剩余面积还是相等的。对5～6岁儿童来说，这难度是相当大的。但通过动手拼，孩子还是能得出正确的结论。只是有一些孩子不能一下子理解自己所得出的正确结论，其中的原因在于儿童的面积守恒理解水平还未达到这个高度。要提高这一水平，就要多操作、多思考。

游戏179： 比体积大小 ◀◀◀

目的：了解儿童空间体积概念的形成情况，培养儿童对体积守恒的空间理解力。

时间：5～6岁。

方法步骤：让孩子将16块大小相同的积木分成两堆，每堆八块，叠成两层，上下各四块，问孩子"这两座'房子'是一样大的吗？"

待他明确回答"一样大"后，让他将其中一堆堆成每层2块、高4层的"房子"，再问孩子："这两座'房子'还是一样大吗？"待他回答后，不管其是否回答"一样大"，都追问："为什么？"

若他认为每层为2块的积木的房子大，则说明他对高与体积大小这两个概念尚不能进行分化，即缺少空间可逆性推理能力（具体属于哪一种，要根据他对"为什么"问题的回答进行分析）；若他回答"一样大"，则说明他已具备上述能力。

> **分析说明：**
>
> 这一游戏要求可改为：缩小底面积但房子的总体积大小不变，看儿童是否会想到以高度来补偿面积不足。这两种做法都需要儿童有一定的空间想象能力和理解能力，相对来说后一种更难。这类游戏有助于培养儿童的理解力和想象力，当儿童一时不能正确回答时，还是要引导他通过多动手操作、多思考来获得正确的解答。

游戏180： 变换位置比多少

目的：了解并培养儿童在参照物变换的情况下对物质质量的可逆和守恒理解能力。

时间：5～6岁。

方法步骤：准备3个同样大小的瓶子，让儿童将3个瓶立于桌面上，并注入相同高度的液体，问孩子3个瓶里的液体是否一样多，一般孩子都会回答"一样多"。

然后再让他把其中一个瓶子放倒在桌面上，另一个瓶子则倾斜放置，如图所示：

此时成人再问："这三个瓶里的液体还是一样多吗？"看他如何回答。若他回答"一样多"，则说明他对可逆性与守恒性已有一定理解；若他回答不一样多，再问他："为什么？"此时他可能被液体的高度所迷惑，无法区分水面高低与水的多少这两个概念。

分析说明：

三个瓶子都垂直摆放时，比较瓶中液体多少的参照系相同；当把其中一个侧放，另一个斜放时，三个参照系就有了差别。儿童由于缺乏可逆性理解力，一般会回答"不一样多"。如果他能回答"还是一样多"，则说明他的理解力已有一定的发展。有的孩子被问为什么一样多时，他会说："没有倒进去，也没有倒出来。"这也说明他具有可逆性理解力。

游戏181： 复杂分类

目的：了解儿童按多项指标进行分类的能力，培养儿童的概括能力。

时间：5～6岁。

方法步骤：准备一堆不同形状的积木或其他实物，如立方体、长方体、圆柱体、圆锥体、四面体、多面体等，让儿童按体积大小排列，看他完成的正确率是多少。

准备一堆玩具及其他物品，让孩子将它按某一标准分类并排列开来；若完成，再按第二类标准分类，重新排列开来；然后要求他同时按两项标准分类，采用排列或贴标签的方式将它们分开。

若上述分类不顺利，可过一段时间再做这个游戏；若进行顺利，再要求他同时按三项标准分类，看他进行得如何。

分析说明：

分类意味着孩子将信息概念化，这个时期的儿童依据一个标准进行简单分类已经没有问题，但依据多个标准进行复杂分类尚有难度，因为他们有了智慧动作，但尚无智慧运算，空间理解力也较差。这一玩法中的前两种操作都有一定的难度，比如第一种操作中儿童首先就得评估各种不同形状的体积大小。第二种操作中，儿童首先要理解两类标准和三类标准。因此，儿童能做多少就做多少，成人可启发他进行思考，但不宜直接告诉他答案，看他自己能否想出办法来完成上述游戏。

游戏182： 丢开实物计算

目的： 了解儿童思维对形象的依赖性，培养儿童的逻辑思维能力。

时间： 5～6岁。

方法步骤： 在不出示实物的情况下，以假设的方式向孩子提问。比如问："假如妈妈给你三块饼干，你给妹妹一块，还有几块？"看他能否理解这当中的内在联系。

若他说"妈妈没有给我"或"妹妹不吃饼干"，都说明孩子还不能理解这其中的内在联系。若孩子能说出正确的答案，则说明孩子可依想象中的形象正确地进行思维运算。

然后让孩子计算一道算术题，例如：$3+5=8$。

不让他点实物或掰指头，看他能否得出正确结论。若不能，则说明他对实物形象的依赖性还很强；若能得出正确答案，则说明孩子不需依赖形象就可进行计算。

分析说明：

　　这一段时期儿童的思维基本上还完全依靠形象，几乎没有逻辑思维，所以成人要多运用形象来培养儿童的思维能力，多运用实物来引发儿童思考。同时要有目的地锻炼他的逻辑思维能力，即除去形象辅助物，让他进行计算。可先从小的数算起，再逐步增加数值。在做游戏时，要区分出孩子是通过背诵的方式记住了答案，还是通过思维的方式计算出了结论。

游戏183：测概念水平

　　目的： 了解儿童对概念的掌握情况，提高儿童概念的水平。

　　时间： 5～6岁。

　　方法步骤： 选择几件实物、种类或抽象的概念，分别问他："××是什么？"例如："狗是什么？""花是什么？""动物是什么？""勇敢是什么样的？""友好是什么样的？"等。

　　待孩子回答后，对他的回答进行分析，看其回答是属于直指型（如指着狗说："那就是狗。"），还是列举型（如说："猪是动物，狗也是动物，是汪汪汪。"），还是概括型（比如："勇敢就是有胆量去做别人不敢做的事。"）以上三种回答背后的概念水平依次提高。

　　在对儿童的概念水平有了初步了解之后，选择属于不同类的儿童熟悉的典型实物（如以苹果作为水果的典型实物），告诉他某物属于某类。然后在遇到其他实物时（如梨子），让他将它与典型实物进行比较，得出它的种类的名称，以提高儿童对种类概念的掌握能力。

分析说明：

由于5～6岁儿童的概括水平不高，所以概念水平也不高，还处在直指型和列举型阶段，对概念的掌握还不准确，有时失之过宽，有时失之过窄。成人可先引导他掌握某一种或某一类他能够掌握的实物概念，在此基础上逐渐引导他掌握该种概念、类概念的其他实物，以及数的概念及其他抽象概念。在这方面，不同孩子会表现出明显的差异，成人要依据自己孩子的实际情况确定如何做这一游戏。

游戏184： 双语概念转换

目的：了解方言或外语对儿童概念形成的影响，培养儿童用两种言语形成概念的能力，及相互之间的迁移能力。

时间：5～6岁。

方法步骤：用方言数数，或用方言教给孩子某一概念，过一段时间后，用普通话提问这一概念，并要求孩子用普通话回答，看正确率如何。

考查标准：有没有增加某一内容，有没有漏掉某一内容，有没有把某一意义改变。准确度越高，说明方言对孩子概念形成的影响越小。

用普通话数数或教给孩子某一概念，一段时间后，再用方言提问，并要求儿童用方言回答。根据上述同样的指标，考查其准确率如何。

分析说明：

中国方言复杂，且方言一时不能消除，而普通话在交流中使用广泛，因此要求儿童提高方言与普通话之间的概念迁移能力具有现实意义。一般来说，只要儿童的迁移能力发展正常，用一种语言（如普通话）就能表达出来。但有些方言的表达功能与普通话的表达功能并不完全对等，这在儿童以后的发展中会导致问题，所以成人还是以培养儿童使用普通话形成概念为好。方便的时候适当使用方言，可丰富孩子的语言色彩，为孩子认识事物提供更多角度。

游戏185：用照片计数

目的： 依据儿童按照片计数（间接认知）与按实物计数（直接认知）的差别，了解儿童间接认知的发展情况，并发展孩子的间接认知。

时间： 5~6岁。

方法步骤： （1）让孩子搭好一堆积木，然后让他数出这堆积木的块数，记录他数的时间和准确率。

（2）拿出一张堆积木的照片，让孩子数出照片上的积木块数，记录他数的时间与准确率，并与数实物的结果进行比较。

（3）让孩子按照图片上的积木堆法堆积木，检查他堆放得是否正确。

（4）让孩子用9块积木搭成三层，最下一层分别为三块、四块、五块、六块、七块，看他能否搭得起来。若搭不起来，拿图片给他看，看他能否照着图片正确地堆放起来。

（5）告诉孩子一个确定的数目，让孩子在一堆图片中找出与该数目相符的图片。

以上各项若都能完成，则说明孩子间接认知的能力已有了相当好的发展；若只能完成一部分，则说明其间接认知仅有初步发展；若很少能顺利完成，则说明其间接认知能力很弱。

分析说明：

儿童间接认知是学习过程中一种很重要的认知，间接认知水平高，则他数图片中的积木数及对图片中积木堆法的感知便较好，而且过程迅速。若他能很顺利地完成，可把照片换成手绘的立体图示。儿童在用照片点积木数时，可能发生的错误有：点数顺序混乱、漏数、重数、口手不一致、看不出隐蔽部分、对相关类似的形象不能分辨、估计不准、听不懂成人说的话。要提高儿童的间接认知水平，便可从上述这几个方面着手。

游戏186：自由（独立）分类

目的： 依据儿童自由分类依据的分类标准，了解并发展儿童的思维能力。

时间： 5～6岁。

方法步骤： 给孩子一些颜色、大小、形状不同的玩具或实物图片，如动物、植物、交通工具、家具、餐具、文具等，让孩子完全按他自己的想法确定分类标准，并进行分类。

待他完成后，成人问他："你是依据什么标准分的？为什么要这样分？它们都是什么？"

成人一方面要了解他所确立的分类标准是否明晰、概括性如何（如以"爸爸给的""妈妈给的"分类，其概括性就没有以"餐具、文具"分类高）；另一方面要检查他的实际分类与他所说的是否相一致，按他所说的分类标准进行实际操作，正确率有多高。

若所选标准明晰、概念性强，同时分类完成得顺利正确，则说明儿童思维能力强。

分析说明：

这一游戏最关键的在于他选取什么样的分类标准。一般儿童的概括能力或者说思维能力可分为以下几级水平：最低级的是不能分类，把毫无关系的图片或玩具放在一起，不能说明分类原因和意图；二级是依感知特点分类，如依颜色、形状大小或类似四条腿之类的特征分类；三级是依生活情境分类，如书包常放在桌上，他就把书包与桌子归为一类；四级是依功能分类，如将写字用的、吃饭用的、乘坐用的各种工具分为一类；五级是依概念分类，并能给这些概念下定义，说明分类原因。5～6岁是儿童分类发展的一个飞跃时期，儿童若经过良好训练，可以依概念进行分类，但多数还是依感知特点和情境进行分类，这一时期也是儿童思维发展的一个显著转换期。这一游戏的结果与儿童以前是否

分析说明：

进行过分类游戏直接相关，因此在评价儿童思维水平时要考虑这一因素，分清是以前做过的分类游戏所产生的影响，还是儿童思维发展而产生的影响。

游戏187： 做简单判断

目的： 了解儿童判断的发展情况，培养儿童的判断力。

时间： 5～6岁。

方法步骤： 注意平常孩子说话中有无判断句出现。如："哎哟，天这么黑，要下雨啦！""别哭，哭了别人就不喜欢你了。"

若有这类句子出现，成人即可开始引导孩子就事物间的外部及内部联系作判断。如："宝宝是从哪里来的呀？""球为什么会从上面滚下来？"再如："饭是用米做的，米是用稻做的，稻是田里种出来的。"诸如此类，让儿童多练习推演。

要引导孩子观察身边的事例。如：豆子有水才能发芽；身上热了就出汗；地上脏了就会有虫子等。

分析说明：

儿童的判断，一般从反映事物的外部联系发展到反映事物隐蔽的内在联系；从以主观经验和情绪为依据（即以自我为中心）发展到以客观实际为依据；从对原因未分化的笼统理解到对它们越来越有分化的深入说明。一般5～6岁的儿童判断力已有一定发展，但由于缺乏经验，水平还不高，还摆脱不了具体形象性。提高儿童判断水平的有效做法是让他经常就事物的各个方面作出判断。

游戏188： 正向激励

目的： 引发儿童的创造欲，使其养成勤奋品质，防止儿童自卑情绪的产生。

时间： 6岁左右。

方法步骤： 寻找适当的机会，对儿童通过自己的行为创造出的"成果"，如堆雪人、玩泥塑、完成某一任务等，及时准确地给出积极评价，如说他什么地方做得好、什么地方还可以做得更好，逐渐使儿童自觉地去进行此类活动，并通过活动激发出他赢得社会公认的欲望，使这种欲望与儿童的活动之间形成自激励机制，即活动引发欲望、欲望激发活动。

对于活动中的失败，成人应帮助其寻找原因，适当放大他的优点，以增加其信心，防止自卑情绪产生；对孩子获得的成功，应适当减少其优越感，指出还存在的问题，以保持孩子长久勤奋与努力旺盛的活动欲望。同时要注意，不要对儿童活动的结果加以粗暴指责，这会导致孩子产生自卑心理，使其活动及活动欲望枯竭。

分析说明：

本游戏宜在儿童生活过程中捕捉时机来做。从心理学角度说，6岁左右是儿童青春期前的平静期，应该让他在各方面都有些"积蓄"。活动是这种积蓄的源头，旺盛的活动欲望是这种积蓄的动力，因此成人的正确引导非常重要，要为孩子日后青春期的发展做好充分而扎实的准备。

游戏189： 观测客观性

目的： 了解儿童对事物客观性认知发展情况，培养儿童的主观能动性和认知客观性。

时间： 6岁左右。

方法步骤： 当孩子在某一游戏中玩得正在兴头上时，成人叫他去做另一件事，如水开了叫他去关上煤气灶开关，或完成尚未完成的作业，或其他任务等，观察他的表现。若他能暂时搁置当前的兴趣去完成成人交给的任务，则说明他已能区分游戏与工作学习之间的差别，对事物的态度已有了一定的客观性。

到达同一目的地，有两条路可走，一条较近些，但很艰难，孩子几乎走不过去；另一条较远但易行，孩子几乎不需要多大努力便能走过去。让孩子选择，观察孩子的反应，看他选择走哪条路。若他选择较易行的路，则表明他的认知客观性和行为的主观能动性较好。

观察孩子平时的表现，对孩子情绪发作、执拗任性的次数进行统计，看是否有减少的趋势。若有减少的趋势，则说明他认知的客观性和行为的主观能动性在增强。

分析说明：

客观性是儿童对外界的态度的表现，6岁儿童一般对外界有着比较客观的态度，对人对事比较心平气和、实事求是，能逐渐认识到主观意志的局限性，认识到在复杂社会的不同环境里自己将以不同的身份出现，自己的人格具有多值性，所以态度比较开朗和自由。主观能动性是儿童对自己行为的驾驭能力，它以儿童认识上的客观性为条件，并与之紧密相联。成人除了专门对儿童进行试探性观察外，也可平日随时进行观察了解，培养儿童的客观态度，同时培养他的主观能动性。

第五章 6～7岁亲子游戏

6~7岁儿童机体快速发育，脑重能达到1 280克，神经纤维继续增长，分支增多，并不断地髓鞘化，有利于神经传导更准确、更迅速。此时大脑皮层各叶相继成熟，皮层抑制功能迅速发展，第二信号系统得到进一步发展。儿童对大肌肉和小肌肉运动技能的控制增强，很难安静，能够集中精力但通常不能坚持；喜欢做些小制作，对周围发生的事产生极大的兴趣和好奇，能根据自己平时的观察提出很多问题；渐渐减少对父母的依赖，看问题往往仅从单一角度出发，生活中的失败往往会使孩子感到灰心与失望。一般这个年龄段的孩子会有强烈的学习愿望和要求，思维活动十分活跃，基本上是以具体的形象思维为主，也带有一定程度的概括性。他们已具备了一定的知识经验，初步具备了语言交流的能力，已能运用比较丰富的口头语言词汇表达自己的思想，还能理解20以内数的分解组合，能够按成人的要求逐步掌握社会的行为规范。这段时间，由于大多数儿童已进入小学，亲子游戏的时间和空间进一步压缩，在儿童成长中的作用和地位也进一步下降。但此时父母对他的发展仍应给予关心，在和孩子的游戏中了解孩子，为孩子的成长发展再扶一程。

游戏190： 测记忆品质

目的：了解儿童记忆发展及记忆品质的完善情况，培养儿童良好的记忆品质。

时间：6~7岁。

方法步骤：成人读一串数字（先少后多，逐渐增加），让儿童跟着读，看儿童能跟读多少位不出错。例如成人读一个三位数536，儿童成功跟读了，再依次换成四位数、五位数、六位数……直到他不能跟读为止，即可知道他一次可以记下多少分量的材料（即记忆广度如何），记得越多，则记忆广度越大。

准备一张多色图片和一张空白的但与多色图片有同样图案的图片。把空白图片交给孩子，让孩子按照多色图片，用同样的颜色去填空白图片，看他完成任务需多少时间。时间短，则说明记得快（未计填图技术不同的时间差，若儿童填图技术上有明显差异也应加以考虑）；时间长，则说明记得慢。这一指标又称"记忆敏捷性"或"记忆速度"。

把几张相似图片中的一张拿给孩子看，告诉他要看准确了。然后把它们放回相似的几张中打乱，让孩子去找出刚才他看到的那一张。若能顺利找出，则说明他的记忆准确性高；若不能找出或经再三寻找后才找出，则说明他记忆的准确性还不高。

让孩子记10张图片，过7天或更长的时间再让他回忆他曾经看到的图片。若回忆准确率高，则说明他的长时记忆效果好，或说明记忆持久性好；反之，则说明其记忆持久性较差。

分析说明：

　　6～7岁是儿童记忆开始迅速发展的时期，成人在引导儿童进行记忆活动时，让他识记一定数量的材料是必要的，但不是最重要的，最重要的是培养他良好的记忆品质，尤其不应让他死记硬背，而应让他掌握科学的记忆方法，这将使他终身受益。除了要掌握记忆的一般规律，记忆还有一些小技巧。比如：在给空白图片填色时，有的孩子可能把一种颜色填满了再填另一种颜色，这样由于时间过长，可能会忘掉一部分；另一些孩子则会在有色图片被拿走的那一瞬间用各色彩笔在空白图片的相应位置标出相应的颜色，这样就能保证更多位置上颜色的准确性。

游戏191： 做比较

目的： 了解儿童最初的逻辑思维出现情况，并促进它发展。

时间： 6～7岁。

方法步骤： 首先了解孩子的逻辑思维是否正开始出现。找一个很重的物体，成人先动手搬，但未搬动。然后叫孩子动手搬，如果孩子真的动手搬，则说明他尚不能进行逻辑思维；若他回答说："你都搬不动，我还搬得动吗？"则说明他的逻辑思维已开始出现。

然后，给儿童出些简单的逻辑题，看他的回答情况如何，例如：

1.5比3大，比7小，7比3大还是小？

2.花兔比黑兔小，比白兔大，白兔比花兔小还是大？

3.黄花比白花好看，红花比黄花好看，哪种花最好看？

4.到北京比到南京远，到上海比到南京近，到哪里最近？到哪里最远？

类似的问题还可提出很多，通过这些问题，一方面了解他的逻辑思维能力，另一方面也锻炼他的逻辑思维能力。

分析说明：

6～7岁儿童主要还是依靠形象思维，但逻辑思维已开始出现。做上述逻辑题时，先可给他一些实物或图片做过渡，然后逐渐减少实物和图片，看他逻辑思维发展的进步状况如何。有锻炼就会有长进，如果认为他的逻辑思维能力较弱而不去加以锻炼，那便是错误了。当然，在游戏数量上应加以控制，不能成天都让他进行逻辑思维；在时机上，也不能在孩子不愿意思考时硬要他去进行逻辑思维。最好的时机就是孩子向成人提出类似问题的时候。

游戏192：测理解力

目的：了解儿童对图形、语言、概念的理解能力，并培养这种能力。

时间：6～7岁。

方法步骤：拿一幅画着若干人在进行某一活动的图画，让孩子仔细观看，观察他是从下列的哪一级水平上理解这幅图画的：

（1）指出图中单个的人。

（2）说明图中人物与人物之间的关系。

（3）说出图的主题，如大家一起大扫除，或送某人上车等。

以上三级的理解力依次逐渐增强。

给孩子讲一段故事，然后让他复述该故事，主要观察他对该故事理解得是否正确；然后再给孩子看同一故事的插图，看完插图后再让他把该故事讲述一遍。看他对该故事的理解有何纠正和加深之处。通过比较前后两次的理解效果，看孩子的言语理解力和图像理解力各占多大比重。

成人用纸折成三座小山的模型，让孩子坐在成人的对面，将三座小山的模型按一定位置放在桌上。成人画几张关于这三座小山位置的图交给孩子，让孩子从中找出与坐在他对面的成人所看到的山的形象相同的那张，看他完成得是否顺利。如果他能正确地找出来，则说明他的空间理解能力相当强。

分析说明：

理解是认知过程中一个很重要的过程，直接关系到学习结果的好坏，理解能力也因此成为一种很重要的能力。6～7岁的儿童已能从对个别事物的理解发展到对事物关系的理解，形象理解的成分与概念及语言理解的成分基本相当，甚至不仅能简单理解事物的现象，而且能理解事物较复杂、较深刻的含义。成人应抓住这一机遇，对儿童的理解力加以适当培养，这对他整个身心的发展和今后的学习与工作都有着极其重要的意义。

游戏193：找祖宗

目的： 让孩子了解自己家族的历史，了解前人曾经为自己做出的奉献，并有针对性地学习成长，增强自身的责任感。

时间： 6～7岁。

方法步骤： 让孩子知道自己父亲和母亲的名字，进而知道自己爷爷、奶奶、姥爷、姥姥的名字（不少孩子在6岁以前就知道这些）。如有可能，还可与孩子一起，将孩子前几辈（尽可能多列举）的世系列张表，贴在孩子可经常看见的地方。

在清明节或依当地风俗需祭祀的日子，带孩子去扫墓。除了祭祀，还要带孩子读碑文，让他了解墓主与自己是什么关系、自己还有哪些旁系亲属。

教孩子了解自己的辈分，并了解自家前后十代或更多的辈分。了解祖辈在哪些方面有哪些独特的表现、有哪些显著的特征、有哪些不一般的业绩。让孩子通过网络或其他途径寻找自己的家谱或与自己家族相关的历史资料和故事，了解祖辈曾经在哪些地方生活过。

让孩子登门拜访自己家亲友中对家族历史掌故了解得比较多的人。

分析说明：

了解自己家族的历史，既是对自己祖先人文经历的了解，也是对自己祖先遗传特征的追踪，这两方面不仅会丰富孩子的知识、拓宽孩子的视野，对孩子今后的成长发展都会发挥重要的作用。更为重要的是，当孩子了解到自己的生命是祖辈那么多人辛苦奉献与团结互爱的结晶时，他会更加珍惜自己，在遇到苦难和挫折时，他会认定要向自己的祖先负责，在生命的关键时刻，他也不会选择轻易放弃。寻根原本就是一门大学问，除了家谱，还可通过"基因寻根"，不仅穿越浩瀚的历史，还需跨越国界。这个游戏本身并非要让孩子一下子了解那么多知识，而是作为一个开端，让孩子知道自己的存在不是无缘无故的，也不是简单孤立的。孩子找到自己成长发展的根基与原点，今后的成长和发展就会更为稳固。

游戏194：口算

目的： 了解并发展儿童的运算能力。

时间： 6～7岁。

方法步骤： 给孩子一些积木块或算盘珠，成人报一些20以内的加减运算，让孩子进行实物运算。记录他计算的正确率。

在能熟练完成实物加减运算的基础上，成人报20以内的加减运算，要求孩子进行口算，并记录他计算结果的正确率。比较前后变化，看他的进步如何。

成人与孩子交换角色，由孩子报题，成人口算，孩子判断对错。在口算过程中，成人可有意说错一两个，看孩子能否及时发现成人答错的题目。若能及时发现，说明孩子的口算已经比较熟练，不妨再扩大口算的范围，比如扩大到50以内的运算。

分析说明：

6～7岁是儿童运算的快速发展期，也可说是个转折点。在此之前，儿童进行加减运算是要一个个点数，点到最后一个数是多少就说数是多少，没有把一个数（例如3）当作整体来看待。随着儿童对数的概念理解的加深，在运算过程中他会逐渐建立数群的概念。例如，6岁儿童理解"5"时，就不再是一个一个苹果加起来而构成的"5"，而是把"5"当作一个整体，它既是5个1的集合，又是4和1、3和2的集合。因此，他在运算过程中不再进行逐一加减，而是按数的组成对数群进行分析、综合，通过拆散、合并而得出运算结果，这是计算发展过程中的一个质的飞跃。大约在6岁半时，儿童的口算水平有较大提高，在此之前，成人应引导他进行一定量的实物运算，以加深他对数的组成的理解。

游戏195： 依数排序

目的：了解儿童序数概念的发展情况，并要求他掌握序数概念和初步的序数关系。

时间：6～7岁。

方法步骤：拿出5块大小不同的积木，让儿童由小到大依次排列。

拿出10张分别画有1～10个圆点的卡片，让孩子依圆点数排列次序，并指定有1个圆点的卡片为第一张……有10个圆点的卡片为第10张。

待他能掌握后，成人再指定最小的积木为第一块，依次排列，最大的积木为第五块。

然后检查孩子对上述指定情况的掌握，成人任意指一块积木或一张有圆点的图片，问孩子是第几块或第几张，看他回答的正确率有多高。然后成人说第×个实物，如第3张图片、第4块积木等，让孩子拿起所指的实物，看他拿得是否正确。

打乱积木和卡片的排列顺序，再要求孩子拿出积木的第3块和卡片的第7张，或发出类似的指令，看孩子能否一次就准确拿到。

分析说明：

儿童的序数概念是在基数概念的基础上发展起来的，但儿童对事物大小、长短的次序的认识要比对实物（包括直观图形）次序的认识发展得早，对实物的数序的掌握又比抽象的数序发展得早。所以在培养儿童掌握序数概念时，可以从比较物体大小、长短入手，利用儿童已掌握

游戏196： 依数推理

目的：了解儿童数学推理能力的发展情况，并培养这种能力。

时间：6～7岁。

方法步骤：将24块大小相同的积木放置在孩子面前，让孩子分两堆堆放，每堆12块，每堆堆3层。问他底层最少要堆多少块积木（观察孩子是在实际堆的过程中得出结论，还是直接从数的概念得出结论）。

得出结论后，就让他把其中的一堆底层积木减少到3个，多余的积木向上堆，此时再问他两堆积木是不是一样多。若他回答是一样多，问他为什么（孩子可能回答：上面一层的积木是从下面拿上去的）。只要他能说出一定道理，都能说明他已具备推理能力。

再问孩子以下问题：1只笼子关2只兔子，2只笼子关几只兔子？3只笼子关几只兔子？6个苹果3个人分，每人可分到几个？大汽车6点开，12点到上海，小汽车7点开，12点到上海，哪辆车开得快？为什么？明明比小海大，小海比小燕大，他们三个人中，谁最大？谁最小？

诸如此类的推理提问，可常向孩子提出，看他的分析和推理是否准确。

分析说明：

数学推理能力是思维发展的重要组成部分。儿童数学推理能力的发展可分为三级水平，即感知水平（如积木的体积守恒）、表象推理水平

（如关兔子）和概念推理水平（如大车与小车运行的距离、时间、速度关系）。上述几道题分别代表不同的推理水平。5～6岁时，儿童在感知水平上的推理发展显著；表象水平的推理在6～6.5岁时有显著发展；概念水平推理在孩子6.5岁以后才有所发展，成人可依照这一次序，对儿童的数学推理能力加以训练，可选择与上述问题相当的日常生活问题来提问，使儿童养成爱思考的习惯。

游戏197： 站军姿

目的：了解儿童有意行为的稳定性与持久性的发展情况，并培养其良好的意志品质。

时间：6～7岁。

方法步骤：让儿童一个人在房子里以标准的立正姿势站立，头、手、脚和躯体的各部分都不能做任何多余的动作，观察当他感到疲倦时，他是否还有继续维持这一动作的意向并尽力保持当初的站立姿势；并记录站立时间。

在上一操作成功后，让儿童在有很多人（包括小孩）围观的情况下进行上述操作；并记录站立时间。

让儿童在游戏中作为一个角色完成上述动作，看他能坚持多少时间。以上各项中，站立时间越长，说明其意志力越强。

分析说明：

这一游戏主要是对儿童进行意志训练。6～7岁的儿童一般都具有了有意行为的稳定性与持久性，单人立正姿势站立可达15分钟之久，有的还可更长。儿童能够有效地支配自己的行为，游戏情况下站立时间比单人站立时间要长，在众人围观情况下站立时间较单人站立保持时间要短。这一游戏做起来有些单调，成人不要让孩子以为这是对他的惩罚，最好先告诉他站的时间长可得奖。意志是个体学习和工作成功所必需的一项重要的非智力品质，父母不应忽视这一训练，而应选择时机，经常进行，或以类似的形式锻炼他的意志，如让他照看××、让他等××等。

游戏198：　评错

目的：了解儿童进行正确与错误评价的标准和能力，发展儿童的道德评判力。

时间：6～7岁。

方法步骤：讲述一些其他孩子或自己孩子过去曾有的过失，如说假话、打人，一个小孩帮妈妈做事打碎十几只碗、另一个孩子偷糖吃打碎一只碗等犯错的事例，问孩子这些事例中的错误在什么地方，错误的严重程度如何，应如何避免这些错误。

若孩子回答不出来，应先正面告诉他答案；过一段时间向他讲另一个相类似的事例后，再向他提问。一般被6～7岁的儿童认为是错误或坏事的有：打碎碗或其他用具、弄破气球、说谎、偷盗、到处敲敲打打、不听吩咐、无缘无故打人，戏弄别人等。

成人发现孩子在某件事上明显犯错时，应直接向孩子指出，并进一步让孩子明白自己错在何处、今后应当如何避免再犯错。

分析说明：

6～7岁的儿童已初步建立起较丰富的好与坏的评价标准，成人应利用这个时机使这种标准更加完善、更加辩证和全面。这一时期，儿童还

分析说明：

会对他认为不公平的事表示抗议，如：分食物时一个给得多了一点，另一个就会表示抗议；若某个小朋友没有做错事却挨了打，其他人看了就会提出抗议等。成人应对儿童的这种正义感加以爱护，同时应劝止可能因此而产生的不理智行为的发生。

游戏199： 观察社会情感

目的： 了解儿童情感的发展情况，并发展、丰富和加深这种情感。

时间： 6～7岁。

方法步骤： 观察孩子在遇到以下情况时的表现：

得到别人帮助时的情感表现；别人得罪他时的情感表现；当别人不公开地指责他时的情感表现和当别人暗中赞赏他时的情感表现；当孩子的某一问题得到解答时的情感表现，得不到回答时的表现又如何；对新衣服、新鞋袜以及整洁环境（及与此相反方面）的情绪反应；对音乐、美术或其他艺术的反应等。若孩子对以上各方面的反应丰富且深沉，则说明他的社会情感已较丰富、深沉；反之，则说明他的社会情感还比较肤浅、贫乏。

观察孩子在和小伙伴的交往中，是否有特别要好的朋友，是否有一两份自己特别重视的友谊。

观察儿童对弱者是否表现出同情和关心。

观察儿童是否乐于使他人感到快乐，或将自己的快乐与他人分享。

在上述各个方面，成人通过与儿童的情感交流，陶冶儿童的情操，使之不断丰富和加深。

分析说明：

前面的游戏中已说过，3岁的儿童已有社会情感的萌芽，6～7岁时这方面的情感已明显加深并丰富起来。成人对儿童因为好奇心、求知欲而产生的众多问题，不应因怕麻烦而消极制止，而应该对由此产生的不恰当"破坏"行为加以阻止，同时适当安排一些让他动手操作的机会，让他有自主与别人交往的机会。应让儿童经常欣赏一些音乐、美术和诗歌，以培养儿童的艺术情趣和欣赏能力。儿童的情感对日后个性发展有重大影响，在培养儿童良好健康的社会情感的同时，应注意避免、克服不良的情绪情感。

游戏200：　口头组词

目的： 丰富儿童词汇，发展儿童言语与思维的能力。

时间： 6～7岁。

方法步骤： 选择一个字，开始时最好选儿童熟悉的名词，让儿童在这个字的前面或后面添字组成另一个词，比如"天"字，儿童可说：晴天、阴天、蓝天、昨天、青天、天空、天堂、天上等，看他能组多少个词。类似的词还有：地、楼、桥、书、花等。

然后，选择适当的情境和时机，在与儿童对话时，使用他曾添字组词的词，以增强他对这些词语的使用理解能力。

让孩子讲述自己对事物的见解、认识和感受，成人把他所讲的话录音之后再放给他听。当他听到自己的讲话时会非常兴奋，并能纠正自己口语中一些不恰当的说法；或将孩子的口头语言变成文字，展示给他看，使孩子对自己的口头语言与文字之间对应的联系产生印象。

分析说明：

　　幼儿期是口头语言发展的重要时期，6～7岁时是口语发展的成熟期，而口语是一个人语言发展的重要源头。儿童的语言发展仍是各项发展中的重点，这段时间应引导他逐渐丰富词汇的数量，还可教部分儿童识字，但主要的还是应把精力放在丰富他的口头语言上、放在让他加深对语言的理解上。特别要注意动词的口头使用和掌握，但不要过早给他过重的语言训练负担，而是让他多与别人分享自己的体验，以激发他自愿发言和对口头语言表达的兴趣，使其感到自豪和满足。

游戏201： 了解气质特点　◀◀◀

　　目的： 了解儿童气质的出现情况和气质类型，发扬他气质的积极方面，改造他气质的消极方面。

　　时间： 6～7岁。

　　方法步骤： 对照下列的气质类型特征，观察儿童的表现，确定他属于或偏向哪种气质类型：

　　胆汁质：性情急躁，动作迅猛，情绪和行为都难以控制，经常处于兴奋状态，手脚不停。

　　多血质：性情活跃，动作灵敏，对周围环境中的细致变化都特别敏感，总是兴致勃勃。

　　黏液质：性情沉静，动作迟缓，什么事都慢条斯理。

　　抑郁质：性情脆弱，动作迟钝，沉默不言，不易激动。

　　成人也可根据孩子是暴躁还是安静、是内向还是外向来划分其气质类型。

分析说明：

儿童的气质从1岁开始就有所表现。6～7岁时，高级神经活动的类型表现得更为明显。气质很大程度上是由先天的高级神经类型决定的，能改变的空间较小；但它也不是固定不变的，在一定的环境和教育下，气质类型的某些特征是可以改变的。因此成人在知道儿童的气质特征后，应根据实际，有针对性地创造条件，采取一定的教育措施，帮助儿童改造气质的某些消极方面，让它的积极方面得到自然发展。

游戏202：观察性格特征

目的：了解儿童的性格特征，增强教育培养的针对性，培养儿童良好的性格品质。

时间：6～7岁。

方法步骤：从以下几个方面观察了解孩子的性格特征：

对现实的态度：是爱集体、喜欢集体活动、合群、谦让、忠诚、责任心强、勤奋、自信、乐于助人，还是虚伪、冷漠寡合、敷衍、怠惰、守旧、自卑、唯我独尊、好占便宜、好破坏。

意志特征：是目标明确、有组织性、有纪律、自觉性强、控制能力强、有恒心、坚韧、镇定、果断、勇敢顽强，还是盲目冲动、散漫、任性、虎头蛇尾、优柔寡断、鲁莽、怯懦。

情绪特征：在强度上受情绪感染和支配程度如何，在稳定性上情绪起伏的波动程度如何，持久性情绪保持时间的长短如何，在主导心境上表现程度如何。

理智特征：观察孩子的感知、记忆、思维和想象是主动型还是被动型，是分析型还是概括型，是快速型还是精确型，是精微型还是广阔型，是独创型还是依附型。

依据观察的结果，综合描绘出孩子性格特征的基本轮廓，将其作为自己日后与孩子交往时的参考。

> **分析说明：**
>
> 性格是一个内涵很广泛的概念，不可能每个家长都成为研究性格的专家，但对自己孩子的性格特点有所了解还是必要的，它有利于处理好日常生活中的某些偶发事件，以便对儿童实施正确的教育，有目的地对儿童性格加以塑造，使之完善。由于研究性格的学说多种多样，这里不可能一一介绍，所以只提具体的某一特征，不引入各家学说。有兴趣的家长可专门去阅读性格方面的书籍。

游戏203： 做内部评价

目的： 了解儿童内心状态评价的产生和发展情况，并引导它正确发展。

时间： 6～7岁。

方法步骤： 观察儿童对自己或别人的评价有无涉及内心状态的内容。比如他说：

"我没想打他，他惹我生气了我才打他。"

"他不乖，他现在不吵是想人家说他乖，刚才他还吵呢。"

"他乖是因为想让别人表扬他吗？"

"我本想帮他，可他太讨厌。"

……

若有类似的话语出现，则说明孩子的内部评价已开始产生。

然后，成人要对孩子内心活动进行一些有意识的了解和调节。了解的方式为就某件涉及他的事问他："你怎么想？""你看怎么样？""你有什么意见吗？"让他把内心世界表白出来；调节的方式是向孩子说一些道理，告诉他遇到××情况时应该怎么样评价一个人、怎样理解一个人、怎样帮助一个人等。

> **分析说明：**
>
> 对内心状态进行评价是6～7岁儿童道德评价的新发展，这说明他在这方面的发展有了进一步深化，不再只看一个人的行为效果。但儿童作出的内部评价不一定都是正确的，有的明显受妒忌心或其他不正确观念的影响。成人应引导儿童以诚待人，对别人或自己的内心作出客观、公正的评价，学会宽恕。做父母的应以身作则，引导儿童将心比心，多一点对别人的理解、尊重，净化儿童的心灵。

游戏204： 运用可逆思维

目的： 了解儿童对群集概念及运算的理解力，并发展这种理解和运算能力。

时间： 7岁左右。

方法步骤： 让孩子看一盒木球，木球总共20个，其中大部分是黑色的，小部分是白色的。然后问孩子："盒中的黑球多还是木球多？"孩子可能会回答"黑球比木球多，因为只有两个白球"之类的话，若这样回答，则表明孩子还不能理解整体和部分的关系，没有群集概念。

一间房子里有8个男人、2个女人，问孩子："房子里的男人多还是人多？"若孩子回答房子里男人多，则说明孩子尚无法分清整体和部分的关系。

一个人向东走了10米，再沿原路向西走了10米，问孩子："这个人所在位置移动了多少米？"若孩子回答"移动了20米"，则说明儿童尚不能理解数与方向之间的关系，即群集的加减关系。

问孩子："人类＋人类＝？"若孩子回答"等于两个人类"，则说明孩子尚未理解群集与群集之间的关系及群集的内涵。

若孩子对上述问题大部分回答正确，则说明孩子已初步建立起了群集的概念，并具有一定的理解力和运算能力。

分析说明：

7岁左右的儿童，随着高级神经系统的发展，他能进行一些内化了的可逆思维，也就是群集的运算。但一开始他可能无法同时理解部分和全体，想到全体就会忘了部分，或想到部分就会忘了全体。除了上述各题，还可用下列推理公式：

$B = A + A' \rightarrow B > A$

$A < B, B < C \rightarrow A < C$

$A + B = C \rightarrow C - B = A$

$A - B = 0 \rightarrow B = A$

让孩子明了这些逻辑，那么他的思维逻辑与可逆性将会有很大的提高。

游戏205： 分玩具

目的： 了解儿童交集概念的形成情况，发展儿童的思维能力。

时间： 7岁左右。

方法步骤： 准备5张画有小朋友的图片、3张画有小汽车的图片、4张绘有小球的图片，然后向孩子讲述：现在有3辆小车、4个小球、5个小朋友，要把这些玩具分给每个小朋友，每个人至少分到一件，有的人可能分到两件，但不能分到同样的玩具。问孩子：

（1）拿到小车又拿球的有几个人？

（2）只拿到小车的有几个人？

（3）只拿到球的有几个人？

若孩子不能回答，就让他用图片分堆后再作回答，看他能否回答正确。若他能顺利回答，则可让他做小朋友分三样、四样、五样实物的题，所提问题依上题类推，看他的交集运算能力究竟发展到什么程度。

分析说明：

交集是集合中一个很重要的概念，让7岁左右的儿童做这一游戏并不是要求他去理解严格数学上的交集概念，甚至不必提这一概念，但应让儿童理解这其中的原理。一般儿童在7岁左右已开始有交集概念的萌芽，如果他能顺利地完成上述问题，成人可再出些类似的问题让他去做，并可适当增加题中的元素，如增加人数和玩具的数目与种类，或要求不使用图片，让儿童直接根据推理计算等。当然，具体如何做，还得由家长依据自己孩子的实际能力而定。

游戏206：测物质守恒理解力

目的： 了解儿童对物质多少、重量大小及体积大小守恒性的认识和理解能力，并培养这种能力。

时间： 7岁左右。

方法步骤： 把两个大小、形状、重量相同的橡皮泥球呈现给孩子，并问他：

（1）这两个球的大小（橡皮泥的多少）是一样的吗？

（2）两个球的重量相等吗？

（3）两个球的体积相等吗？

待儿童给予肯定回答后，将其中一个先后捏成饼状和香肠状、糖果状、娃娃状、小动物状，每变一次形状，都就上述问题向孩子发问，看他的回答是否正确，并问他"为什么"。若回答不正确，用天平称量，或用两个同样的杯子装同样多的水，将两个不同形状的泥团投进去，演示给孩子看。

分析说明：

　　7岁左右的孩子已开始能对简单的可逆性（比如说改变形状时还可以捏成球形）、相逆关系的组合（比如说长了但同时也细了）、同一性（比如说没有加东西，也没有拿走东西）加以理解，但这种理解还是比较浅显的，有时可以变换一下形式或隐蔽一些他可能再犯的错误来询问。成人可以运用生活中的例子向他提问，促进他思考，这对发展儿童的思维是有益的。

游戏207： 多级分类

　　目的：了解儿童对概念的种和类属关系的理解情况，发展儿童的分类能力及概括力。

　　时间：7岁左右。

　　方法步骤：准备以下玩具实物或图片：喜鹊、麻雀、乌鸦（鸟类）；老虎、猩猩、大象（野兽）；猪、马、牛（家畜）——以上都是动物。香蕉、苹果、梨（水果）；萝卜、茄子、白菜（蔬菜）；水稻、玉米、小麦（粮食）——以上为植物。汽车、自行车（车）；轮船、帆船（船）——以上为交通工具。圆桌、书桌（桌）；椅子、沙发（椅）——以上为家具。

　　首先让孩子认识这些东西，知道它们各自的用途，然后让孩子对它们进行独立自由的分类。先进行一级概念分类，完成之后再问孩子："你看哪些分类有相同点，能把它们并到一起吗？"随即引导孩子进行二级概念分类，看他能否顺利完成。如此进行，有多少级就让他分到多少级。

　　在上述操作进行到一定程度后，再问孩子"能否把分类的这些对象，按照从小类到大类的顺序排列起来？"若他不会，成人要给予适当的启发指导，如排成喜鹊（A）∈鸟（B）∈动物（C）∈生物（D），然后画出分类图。

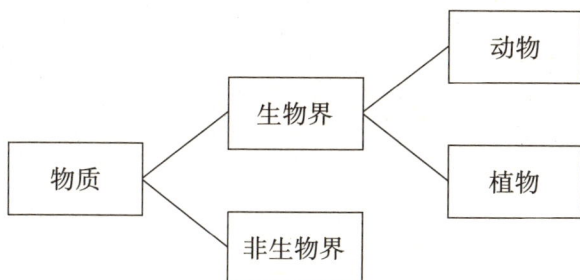

分析说明：

　　多级分类对儿童理解各概念之间的关系、发展概括能力有着重要的作用。7岁左右的儿童刚刚能开始进行多级分类，所以可以进行适当的练习。但成人不要急于求成，先从他熟悉的事物做起、从较少材料做起。有时他可能还无法严格地按概念分类，而是受到远近关系（比如鱼和水总是在一起，就常将鱼和水分成一类）、功能联系（比如锅和碗都是用来装饭菜的，就将它们分为一类）等因素的影响。成人也不必过早要求孩子掌握一个他还不能理解的概念，事实上在这一阶段孩子还不可能做到如此。最重要的是要让他掌握多级分类的方法、理解多级之间的关系、知道基本的几个大类，对感知的对象有丰富的直觉观感。

游戏208：　排次序

　　目的：了解儿童对系列化观念的理解和运用情况，培养他的系列化思想和操作技能。

　　时间：7岁左右。

方法步骤：给孩子长短相差不大的一组小棒，小棒由短到长的次序依次为：A、B、C、D、E、F……要求孩子尽快地将它们由混乱地放在一堆变为依长短次序排列，观察他如何操作。若孩子能迅速顺利地完成，则说明他的系列化操作能力强；若他操作的速度慢，方法不对头，则说明他的这种操作能力尚不强。

若孩子能快速顺利地完成上述动作，再换用一系列大小稍有差别的球或其他稍有差别的物体，并逐渐减少这一系列物体间的差别量。或将一种差别改为两种以上的差别，以此来增加难度，从而培养孩子系列化操作能力。

此类游戏还可用颜色序列差别、比重序列差别、味觉序列差别、嗅觉序列差别、浓度序列差别、光滑度序列差别等进行，但难度都比较大，可适当选择进行。

分析说明：

若儿童系列化观念已建立，他就会先找出最短的或最长的小棒，然后依次找出其他各类差别的顺序。假如分别比较B与D、A与E、F与C，最后才得出长短次序，则说明他的系列化观念尚未建立，也就更谈不上运用了。系列化观念是儿童运算系统中一种很重要的观念，它与分类及其他运算系统构成儿童运算系统的多度性质，也就是说他能按两个或两个以上的性质处理运算对象，这标志着他的运算能力进入一个新阶段。这一游戏要求孩子不只在理念上理解序列差别，还可用自己的感官辨别出相差不大的物体的差别（如浓淡、平滑度）——既包含逻辑，又包含技能，能提高孩子动手动脑的能力。

游戏209： **辨相对左右方位** ◁◁◁

目的：了解儿童对左右方位相对性的掌握情况，增强儿童对左右的相对方位感。

时间： 7岁左右。

方法步骤： 成人站在孩子的对面，问孩子："哪个是我的左手？哪个是我的右手？"看看孩子能否正确指出。

同类的问题问眼、耳、脚，若孩子答错，则说明他还不能理解左右的相对性；若回答对，则说明他已开始具有左右相对性观念，并能明确辨别。

成人坐在孩子的对面，桌上放一只杯子和一个球，成人问孩子："杯子在球的左边还是右边？""球在杯子的左边还是右边？"注意孩子能否意识到并能理解成人与自己所看角度不同而分两种情况作答。若孩子不知道，可稍加提醒地问："咱们俩所看到的左右有何不同？"

然后成人坐在孩子的身边再问上述问题，不做任何指导，看他能否回答正确。

在桌上排列3个物体，再采用上述问题和方式，并先后调换成人与孩子的座位，向孩子提问，看孩子回答的正确率如何。

分析说明：

7岁左右的儿童经过提示可以正确地理解左右的相对性，并能真正掌握前后、左右、上下的方位概念，这对儿童认知活动的发展有重要意义。因此成人应根据儿童掌握左右概念相对性和灵活性发展的这一规律，及时让儿童掌握这一概念，以便为发展儿童的思维和认知提供方位基础。在此基础上，成人可让儿童将上下、前后、左右各方位整合起来理解，这几个方位都具有相对性特征，可对它们系统地做一些辨别。

游戏210： 句式转换与理解

目的： 了解儿童语言能力发展情况，培养儿童的思考能力、语言表达和理解力。

时间：7岁左右。

方法步骤：要求孩子将被动语态和双重否定句的结构进行变换。

主动被动语态转换。例如"卡车拉轿车"和"轿车被卡车拉着"，或进行相反的转换。若孩子能顺利进行转换，则说明他已具有一定的主被动关系理解和表达力。

双重否定的句式变换。准备4张娃娃图片和若干枝铅笔，请儿童按下列要求给4个娃娃发铅笔：（1）每个娃娃都发给一枝；（2）没有一个娃娃有铅笔；（3）没有一个娃娃不发铅笔；（4）只有一个娃娃不发铅笔。看他发得正确与否。若他能正确发铅笔，则说明他的理解能力已较强。

分析说明：

> 这一游戏既是对儿童语言能力的检验，又是对儿童思维及智慧逆转水平的检验，并能培养孩子的这两种能力，增强其理解语言能力。成人在平日与进行儿童交谈时，可经常使用这些句型，这样可帮助儿童发展这种能力。这个年龄段的孩子能理解一般口头语言，但对不同句式的语气差别、内涵差别把握得不够准确。民间流传着不少与此相关的故事和笑话（比如那位请客的主人说"该来的没来""不该走的走了"之类），可以此为材料，增强孩子对语言细微差别的辨别能力。

游戏211：使用时间标尺 ◀◀◀

目的：了解儿童时间知觉的发展情况，增强儿童使用时间标尺的能力。

时间：7岁左右。

　　方法步骤：准备两辆纸制小汽车，一辆红色，一辆白色，用尼龙线牵引看它们在两条行车道上行驶，并在车道的起点和终点设置小车站，以方便识别。然后，让孩子（或成人与孩子一起）以下列几种方式使两辆小汽车运行：

　　1. 红车与白车同时开出，以相同速度驶过4米的路程，行驶20秒后同时到站。

　　2. 红车和白车同时开出，以不同速度驶过4米的路程。红车行驶10秒到站，白车行驶20秒到站。

　　3. 白车在始发车站，红车在行车道的中点，两车同时开出。红车用10秒钟行驶2米到站，白车用20秒行驶4米到站。

　　4. 白车在始发站，红车在行车道的中点，它们同时开出。红车比白车慢，两车行驶20秒后一起到站。

　　上述每一种方式表演结束之后，成人立即问孩子："两辆小车是否走得一样快？哪一辆更快些？""是否同时到站？""哪辆先到站？"

　　然后就以上四种方式向孩子提出以下问题，并要求儿童说明原因：

　　1. 假如红车从一个车站到另一个车站用时1分钟，那么白车要用多少时间？

　　2. 假如红车从一个车站到另一个车站用时1小时，那么白车要用多少时间？

　　3. 假如红车从一个车站到另一个车站要用一天的时间，那么白车要用多少时间？

　　4. 假如红车从一个车站到另一个车站时，刚好是吃午饭的时候，那么白车到这个站是什么时候？

　　若上述问题儿童能答对大部分，则说明他的时间知觉相当明晰。

分析说明:

做这一游戏时,成人应尽量使每一个演示与问题都表演得像是做游戏似的,并注意让儿童听清楚、看清楚。一般7岁儿童对上述时间的估计是基本正确的,再现时距的能力也有所发展,基本上能从事物空间关系中分出时间因素。但能使用时间标尺的孩子还为数不多,仅占这一年龄段儿童总数的35%,使用水平也不高,这主要与儿童智力发展水平有关。在了解到上述情况后,成人应从发展儿童综合智力水平这一类出发,在日常生活中不失时机地使用时间概念。

第六章 亲子互动与游戏创作

7岁以后，亲子游戏是否就终结了？没有。事实上，游戏是人自发、自主地与空间、材料、玩伴相互作用的情境性活动，在人的整个生活历程中，一直都可以玩亲子游戏，百岁老人还可以和他七八十岁的孩子玩亲子游戏。只是因为七岁以后的亲子游戏更具有个性化的特征，7岁以后的孩子更能自主并创造性地去生活和游戏，所以本书就不继续向后写了。

那么，在7岁以内，是否就没有本书以外的其他游戏可玩了？并非如此。本书仅仅是以儿童的身心成长发展为基本线索，为了促进儿童的身心健全发展而设计了这些亲子游戏。人们当然还可以依据自己生活的独特性以及当地的文化传统，依据自己先辈的传承，依据快乐的需要，依据劳动和生产的需要设计出各种各样的亲子游戏。任何一本书都不能穷尽所有的亲子游戏，各位读者可在自己觉得必要时结合自身的实际去设计新的亲子游戏。亲子游戏的设计编创主要分为材料的获取和选择、游戏的框架构建和规则形成、游戏的方法程序和技术的确定三方面，为有助于各位设计，这里围绕以上方面，就亲子游戏设计的方式方法和原则做些常识性的介绍。

一　在生活中寻找机会

设计亲子游戏，首先遇到的问题是"材料从哪里来"。简单的回答是：材料来源于生活，需在生活中寻找机会。

生活包罗万象，又从何处着手呢？并非所有的生活都能转换成亲子游戏，但亲子游戏的素材确实来源于生活，需要父母们以独特的眼光去筛选。

一、在成人与幼儿生活的交汇处

父母和子女间的相互交往活动，具有血缘性、亲情性、连贯性等特点。许多事在其他两个人之间做不是游戏，在亲子之间做就成为游戏了。比如两个成人一起搬一块石头算不上游戏，但成人和他的小孩在一起搬就不同了，就具有游戏的性质。

在婴儿时期，任何一种亲子互动都会对婴儿的智能发展起到一定作用。宝宝对别人的行为做出的回应，比如他能对妈妈的微笑、拥抱、照顾等报以声音、微笑或者其他的身体反应，这都具有游戏成分；他能够预测成人的行为，用成人发出的信号（哪怕是哭）来预测自身的行为对成人产生的影响，这也具有游戏的成分。当婴儿发出的信号能被父母正确回应时，他就会对成人和世界产生信赖感和安全感，孩子的智能由此就会得到较好的发展。

大多数孩子在3岁前与父母朝夕相处，生活的交汇处很多，衣、食、住、行无所不包。事实上，从日常的穿衣、吃饭、走路中，都可以找到和幼儿进行游戏的点，这样的点要选在儿童清醒、兴奋的时候。在这方面，本书之前所列举的游戏对各位父母可能会有一些启示。

在很多时候，成人想方设法挤时间陪幼儿游戏。"陪孩子游戏"是每一个父母甜蜜的生活过程，又往往是难以胜任的负担，需要付出体力、时间、心情与智慧。其实在你和孩子相处的过程中，只使用家中现有的物品，就能玩得很开心，并有助于孩子的成长发展。

二、生活的乐趣点

古人在追求有理想、有价值的生活中，找到了"一箪食，一瓢饮，在陋巷。人不堪其忧，回也不改其乐"的"孔颜乐处"。快乐是亲子游戏的动力之源，生活中哪里有快乐，哪里就可以创作亲子游戏。

现实中，幼儿的快乐有相同的趋向，比如都喜欢好吃的，都很好奇，都喜好动手摸一摸。但不同孩子的快乐点依然有很大的差别，孩子在不同情境、不同时间、不同场景下的快乐点也不同，这就需要成人细心观察自己的孩子。比如孩子对漫天大雪感到很快乐，成人也要冒着严寒跟着他到雪地游戏一番，同时还要注意对自己和孩子做好保护措施。

成人可根据孩子的快乐点设计游戏，孩子的快乐点转移到哪里，就将游戏聚焦到哪里。与一般人相比，和孩子朝夕相处的人更熟知孩子在哪些方面会比别人感到更快乐。留守的孩子乐于听到爸爸妈妈的声音，哪怕只是在电话里听到；长期关在室内的孩子乐于到旷野中感受大自然的花鸟虫鱼。从这种角度看，儿童的快乐处就是他最急迫的需求所在。

通常，成人的乐趣点与孩子的乐趣点是有差别的。亲子游戏的设计当然要考虑到成人的乐趣，但更要以儿童的乐趣为中心，或者说要以儿童的乐趣为主去设计亲子游戏。

三、个人生活的独特处

每个人的生活都有独特之处，这些独特之处往往就是创作出与众不同的亲子游戏的机会。

从大的方面说，城市与乡村不同，这也使得孩子可玩的游戏不同。乡村可带孩子去抓萤火虫、蛐蛐，去爬山、过河，城市里就没有这样的条件，或许只能去书店、少年宫等地方。不同地域的文化存在差异，一些地方有赶集、庙会、玩把戏等游戏，成人可带着孩子一起玩；一些地方逢年过节会让孩子玩灯笼，成人可结合当地民俗设计亲子游戏。

在如今人们过多沉迷于手机游戏、电脑游戏的情况下，为了孩子的健康，无论是城镇还是农村家庭，都应多让孩子接触大自然，带着孩子到户外运动。自然的每一个角落都有其独特处，都能给孩子和成人带来不同的启迪。

从微观而言，每个家庭都是不同的，不同的家庭成员能够和孩子玩的亲子游戏也不相同。本书前面介绍的不少游戏，爷爷奶奶一辈的人可能玩不起来，需要爸爸妈妈一辈的人才能玩得起来。自然，爷爷奶奶可以依据自己的优势和长处设计出自己和孙辈们能玩得起来的游戏，而爸爸妈妈也可依据自己的优势和长处创作出自己能和孩子玩得起来的游戏。

其中，父母的职业、爱好和家庭的传统可能会在游戏设计中发挥更为突出的作用。一位汽车爱好者会将车带进孩子的游戏，一位艺人会将他的艺术带进孩子的游戏，即便是农民，也会把身边的牛羊猪狗作为自己与孩子做游戏的对象。所以任何一位父母都不需要担心自己没有独特之处，有难度的是能不能发现自己的独特之处。

不同性别的人也各有其独特性：跟妈妈的体贴细心、更加关注孩子内心感受不同，爸爸更喜欢带孩子运动，用自己高大而有力的身体来充当孩子的"体力游戏机"，显示自己的不凡身手，逗得宝宝开心大笑；孩子们也喜欢玩那些有速度、有旋转、自己能控制身体平衡的游戏。若爸爸体力不支，还可以借助转动的椅子让孩子旋转起来，这些都是设计亲子游戏的独特之处。

个人生活的独特处往往并非一己所能预知，到了特定情景中才会自然出现或被发现。比如看到荷叶上的水珠，才会发现水的表面张力。这样的发现当然需要成人童心不泯，不过更多的时候可能需要孩子的发现——孩子的眼睛常常能在成人熟视无睹的情况下发现自己身边的独特之处，成人要做的就是欣赏、鼓励，并和孩子一起在这些独特处"玩起来"。

四、儿童成长发展的关节点

人生每一阶段都会有新的发展，幼儿的发展更是"日新月异"，会笑、会说、会走、会跑，这些都是有形的发展关节点。隐藏的关节点很多，要意识到幼儿发展的这些隐藏的关节点，需要成人学习和了解更多的幼儿发展专业知识。本书各个时段的游戏都是紧紧围绕儿童在各个发展的关键点设置的，其中的分析说明就是为了增进父母在这方面的常识。

每个幼儿的发展都是一个奇妙的过程，也都遵循着一定的规律，成人要在读好"两本书"的基础上去确定孩子成长发展的关节点。第一本"书"就是现在书店和图书馆里可以找到的关于幼儿身体、心理成长发展的书，成人要了解一些基本常识；第二本"书"就是自己的孩子，这是一本"活书"，它的难度要远远高于有文字的书，它更为微妙，更为深奥，所以我常对别人说："每个孩子都是一道多位高阶方程。"多数父母一时是难以解开自己孩子的这道方程的，但至少要对他有更多的了解。

亲子游戏就要成人在对这"两本书"的理解的基础上去寻找材料，去设计。对孩子了解得越多，你能够选择的材料就越多；对孩子了解得越深，你选择的游戏点就会与孩子成长发展的关节点越接近、越准确，甚至正好瞄准了关节点，这样的游戏对孩子成长发展发挥的效果会更好。

幼儿期的游戏是幼儿发展的主要方式。透过游戏，孩子得以精熟技能、感知身边的世界，建立自我概念，发展人际关系。游戏对孩子的发展而言，比幼儿的物质食粮更为重要。孩子的多样性、个别性决定了所有孩子都能做、都需要做的游戏是有限的。认识到这一点，自然就会认同"任何一对亲子都有独立设计亲子游戏的必要"，也都有很大的空间去创作。

二　以协商的方式设计框架和制定规则

亲子游戏本身就应定位为亲子互动方式的游戏，目的在于增进亲子之间的感情，促进亲子共同成长。所以在设计亲子游戏时，成人一方必须发挥自己生活和知识相对较丰富的优势，为游戏设计提供框架。但成人不宜"单打独斗"，而要多和孩子接触、玩耍，最终在双方共同操作、协商的基础上形成一个个游戏的内容框架和规则。

亲子游戏从结构上可以分为游戏型、竞赛型、综合型、游艺型、操作型等；从内容上可以分为体育游戏、音乐游戏、美工游戏、语言游戏、认知游戏、结构游戏、角色游戏、区域游戏等。如今家庭设计的亲子游戏种类越来越多，有表演类、音乐类、幽默类、技巧类等，而设计这些游戏的第一步是在自己和孩子的生活基础上生成游戏框架。

在确定了亲子游戏的选材后，成人就要思考如何生成游戏的主题。不少父母觉得游戏设计已然很高深了，谈到游戏主题就更高深了，于是习惯于跟随社会上的统一主题和孩子做游戏，有的游戏一玩就玩上好几年，儿童成年后也只会玩那几个定型的游戏，这本身就不利于对幼儿创造潜能的发掘。

所以，只有在主题上创新，才能更好地满足孩子的需求。游戏主题就是所玩游戏内容的主题，通常创新方式有以下几种：一是依据当时当地的情况和孩子的需要对已有的儿童游戏进行修改。例如，南方不能滑雪，但可以找个小沙丘带孩子滑沙；北方不方便玩水，但可以与孩子一起玩冰。二是依据孩子当下的需求完全创新。三是在参阅相关信息的基础上创新出儿童们喜欢玩的游戏。亲子游戏缺乏原创性，是目前国内幼儿游戏的现状或者说"瓶颈"。

主题确定后，游戏的设计或策划就是设计游戏内容和规则。好的游戏内容当然会对孩子的身心成长发展有积极作用，能够激发孩子的热情，同时要考虑到孩子在和成人一起玩的时候需遵循的规则。

在这个环节中，不少成人或许会以为：孩子懂什么，自己怎么设计就怎么玩呗。事实上，现今大多的游戏就是这样去设计的，也是这样让孩子们去玩的。但这不是一种符合孩子天性的设计和玩法。

毕竟，有人提出，成人还无法和不会说话的孩子协商。的确，即便孩子在出生后一段时间后开始说话，成人也无法在短期内和他就如何设计游戏开展讨论。但是成人不要忘记，孩子是可以与成人进行交流的。比如目光交流——新生宝宝很多时间都是在呼呼大睡中度过的，但当他睁开眼睛的时候，看着他，也让他看到你，这就是交流，在这种交流中他就有了辨认人的不同面孔的能力，就能早些记住爸爸妈妈的样子，他的记忆力就多了一些积累。成人要学会从孩子的眼神中读懂他的意图，再确定怎么和他玩。

依据瑞吉欧的幼儿教育理念，儿童有一百种语言。在孩子能够顺畅地通过语言和成人协商游戏该如何玩之前，或者即便在孩子已经可以通过语言与成人讨论游戏该如何设计之后，还可通过以下方式与孩子交流。

一是通过孩子味觉的感受。孩子享受美味时自然会高兴，哺乳是一个绝好的与孩子交流的机会。在他香甜地吮吸时，母亲轻轻哼唱，或者跟他说说话，轻抚他那柔软的头发，这都是很好的交流方式。

二是通过面部表情，比如伸舌头。研究表明，出生仅两天的婴儿已经能够模仿简单的面部动作，这是他们具有解决问题能力的早期表现之一。成人可通过夸张地作怪相与孩子进行很多的交流。比如：鼓起腮帮，让孩子来摸你的鼻子，他摸的时候，你就"呼"地吹气；孩子拍你头的时候，你可以发出奇怪的声音；当孩子抓住你的耳朵，你就伸出舌头。同样的方式你可以变换新花样尝试，久而久之，不怕不知道孩子内心的想法。

三是皮肤感觉。挠挠他的小脚心，或者温柔地呵他的痒痒，他会很开心；亲吻他，用嘴在孩子的小脸、小胳膊或小腿上轻轻吹口气，他会很喜欢这种对皮肤的小刺激，这些都是早期交流的重要方式。

四是手势或者说手语，孩子很早就知道通过挥舞自己的手来表达内心。成人可抱着孩子在室内外慢慢走动，一开始可握着他的小手触摸各种物体，稍大一点他就会十分好奇地伸手触摸他所能接触的物体（此时要特别注意保证安全），比如冰凉的窗框、衣架上柔软的衣服、植物光滑的叶面等。成人可观察他的表情，随时向孩子介绍他触摸到的东西。

等孩子稍微长大一些，他就会有自己的办法来检验自己的创造力，成人可模仿他的各种动作，比如发出可笑的声音、大笑、在地上爬等。他会表现出高兴或自豪、愤怒或害羞的情绪，从中成人就可看出孩子的内心意图。

总之，即便是不能直接用话语商量的孩子，成人与孩子的协商方式依然是独特而多样的，在这样的基础上，成人再去考虑自己想做的亲子游戏是什么、如何做，依据什么样的规则做才是更加可行的。这样游戏的框架内容和规则细节虽然看似完全是由成人制定出来，但却有和孩子的协商交流作为坚实的基础。

对于那些可用语言协商的孩子，协商就显得更为必要。这种协商主要是基于亲子游戏的主体——孩子和成人，不应忽视孩子的主体地位。从内容上说，协商能更好地了解孩子的真实需要；从方式上说，协商有助于形成儿童的平等意识，锻炼其协商能力和技巧，提高其人际交往能力；更为重要的是，协商本身就是人与人之间相互尊重的有效教育方式。从这一角度说，亲子游戏重要，如何设计游戏、遵从什么样的游戏规则以及如何和孩子一起做亲子游戏更重要。要做好亲子游戏，就需要以最有效的方式去设计和操作。

　　强调亲子游戏设计以协商为基础，并非要忽视成人发挥的作用。成人也是协商中的一方，要充分发挥自己已有的知识经验，脑中先要有游戏创作的形象建构。成人主要需要考虑到以下几个方面。

　　一是游戏背景：在什么样的时间、空间、场景中和孩子玩所设计的游戏。

　　二是所玩游戏的可玩性：是否对孩子有趣味性，孩子当下的身心条件是否玩得起来。

　　三是制定可操作的游戏规则。这些规则不一定是写出来的一条条文字，但它一定要规范清楚成人与孩子行为的边界。

　　四是游戏设计中，要细化成人与孩子的交流互动环节，尽可能照应到整个游戏的一切细节。

　　陈鹤琴曾说："小孩子是生来好动的，是以游戏为生命的。"在亲子游戏中，孩子可以不受限制地模仿各类人物、模拟各种事件，使其愿望得以满足，兴趣得以提高，身心舒适而愉快，个性得以充分发展。不受限制本身并不等于没有规则，规则应该存在于成人的心中。

　　一个设计好的完整游戏，可照本书前面所述每个游戏的主题、目的、时间、方法步骤等方面要素全面地加以考虑。实际设计中，不要拘泥于形式，更应该注重内容，尽可能地为孩子创设一个宽松的游戏环境、轻松的心理环境。成人可尝试着做一个"旁观者"静静地观察一段时间，并给予孩子们适当的帮助，也许你会发现，在不经意中，一个很好的游戏已经诞生。

三　在玩中创造

　　曾有人认为，一本书、一首歌会影响一个孩子的一生。事实上，一个好的游戏对孩子的终身发展同样有着极为重要的影响。好游戏之好，除了取决于前面讲的选材、设计之外，还取决于程序和技术。在这方面不应该靠冥思苦想，而应在玩的过程中积极创造。

不少人认为现在的游戏依靠电脑和各种软件就可以了。但是，至少在2岁以前，幼儿还是不要接触手机、平板电脑及其他各种电子玩具为好；即便在2岁以后，也应该限定时间。徒手或以自然的对象为玩具的游戏在孩子6岁以前都应该占主导地位。

成人参与幼儿的亲子游戏，只有与幼儿产生积极的互动，才能使游戏发挥应有的功能，提高幼儿游戏的质量和技巧。成人参与游戏本身就是在无形中给幼儿以支持，这种支持行为能对孩子产生激励、沟通作用；同时，由于有成人参与幼儿游戏，可以使幼儿在游戏时更加专心，并能延长游戏的时间。但是，成人的参与必须是适当的、创造性的，过多地干预或纠正幼儿的玩法，可能会妨碍幼儿的创造或干扰幼儿游戏的进行，产生相反的效果。成人在幼儿游戏过程中发挥的作用，不应是对幼儿直接进行灌输，也不应是对游戏的绝对指挥，而是在以幼儿为主体的前提下，为幼儿游戏的进行和发展创造一切有利条件，亲子一起在玩中创造游戏。

之所以强调亲子游戏是在玩的过程中创造的，是因为亲子游戏的很大一部分是无法事先预测和设计的。这也是笔者在写作过程中充分感受到并考虑到的内容，故而也如实告知各位读者。这样的例子有很多。

亲子一起去动物园，去的时候孩子还不知道自己喜欢什么动物，成人可先按孩子的要求拍照，把照片装进相册里，以后抽空和孩子一起通过看相册来分辨不同动物的名称，还可以模仿它们的叫声，讲与它们有关的故事。这其中就有不可设计的成分，需要在玩的过程中即时设计。

在一个可能事先设计好的游戏中，由于孩子和家长的能力特征各有不同，在玩的过程中，亲子间需要共同商量、边看边做，以互动的方式发挥各自的能动性。原本设计由孩子做的动作，现在可能需要成人来做，原本设计由成人做的动作现在却被孩子抢着做了，这都是即时发挥的即兴创作。

成人原本想和孩子玩一个游戏，可孩子对这个游戏不感兴趣，偏偏对身边发生的另外一件事感兴趣，比如，此时下雨了，他想出去淋淋雨，跳进小水坑里玩玩水，坐在湿漉漉的草地上……这样原来的计划可能全被打乱，还会招来泥浆和一片混乱，但却能让孩子真切地感受到干与湿的概念。成人此时是依其情景即时创造，还是把孩子拉回家做那些他不愿做的游戏？在新的情境下，成人又该如何对孩子采取保护措施？这些都成为检验成人智慧的契机。

之所以强调在玩中创造，是因为这样能最有效地激发孩子在特定时刻的创造性。幼儿对自己活动产生的效果最感兴趣，成人不妨依据这一点，与孩子默契合作，这样玩起来孩子会格外高兴，这种情感又会激发出新的奇思妙想。成人和幼儿都玩得开心、尽兴的时候，就是创造力得到最有效发挥的时候。

成人要童心未泯，热情参与，营造既宽松、民主，又热烈、愉快的游戏氛围。辅之对游戏创作程序和方法的了解、对游戏技术与技巧的掌握，成人就能凭着亲子互动的瞬时结果和情绪，和孩子一起体会到"作品完成"的喜悦；并在愉快的游戏过程中，学习到一些新的游戏设计的基本技巧。

之所以强调在玩中创造，还因为只有在玩中才能找到亲子趣味的默契点。亲子游戏的活动内容应具有趣味性，应从成人和孩子的需求出发，而这两方面需要的交汇点、默契点并不是我们事先就能知道的，而是需要双方进行大量亲子活动，再从中去捕捉。当然，成人可事先对游戏做些初步的预设，明白活动的内容、地点、环境、意义等，还需要准备一些活动材料。

在玩中创造并不等于说做完游戏一切就都结束了，成人还需有意识地收集一些玩的过程中的信息和一手资料，要在玩后做些反思，与孩子交流各自的体验，对刚刚的游戏活动作出评价，为改进此后的游戏活动提供有益的根据，看看能否进一步拓展游戏活动思路。

Wood、Mc Mahon和Cranstoun曾总结出成人参与和指导幼儿游戏的四种策略[①]：第一种是平行游戏法，即成人尽量接近幼儿，并跟他玩同一种游戏材料，但成人不干扰幼儿游戏。第二种是共同游戏法，即成人参与正在进行中的游戏，由幼儿控制整个游戏的进程，成人只是配合幼儿的活动做出反应，并利用机会给幼儿提供建议。这一策略的关键在于把握介入游戏的契机，如果幼儿没有邀请成人一起玩，最好的方法就是以一个与游戏情境相关的角色

① 胡育：《试论亲子教育的内涵与功能》，《教育科学》，2002年第3期。

参与游戏，如幼儿在玩"商店"游戏时，成人可以以"顾客"角色自然加入游戏。成人一旦进入游戏情境，就必须严格按照角色规范采取行动，有时可以利用角色之间的关系，以隐蔽的方式控制游戏的发展。第三种是指导游戏法，即成人提议或事先设计一个游戏，并在指导游戏时扮演一个关键的角色，至少部分地控制游戏的进程，通过游戏传授一些新的规则和玩法。成人对游戏的指导有两种方式：外在干预和内在干预。前者指成人不直接参加游戏，而是根据游戏本身的特点提出建议，鼓励儿童运用角色行为游戏；后者指成人参与到游戏中去担任一特定角色。第四种是成为真实情况的解说员，即成人保持旁观者的角色，鼓励儿童与成人玩，使游戏和真实世界相联系，目的在于通过提问题或提建议的方式促使儿童按照现实生活的客观逻辑展开游戏过程，减少游戏的虚构成分，促使儿童把游戏情境与现实生活统一起来。

无论是上述哪一种方式，成人都可以和孩子一起在玩中创造。在平行游戏法和共同游戏法中，可以以暗示的方式与孩子互动；在指导游戏法和真实情况的解说员的方式中，可以直接指导策略，运用示范和讲解的方式，引起幼儿的模仿和思考，提高成人对游戏进程和创作的调控水平。所以，成人应改变在亲子游戏上表现被动和游戏指导策略较为单一的现状，努力朝共同游戏者的方向发展。

在玩中创造，当然要依据幼儿的年龄、能力及亲子游戏的具体情况，选择一种合适的策略或多种策略兼用；亲子游戏的种类不同，游戏的类型差异也有所变化。在这一过程中，成人可发挥的作用是创设一个基于多种经验、有利于支持幼儿与之互动的游戏环境。这样的环境应具有的特征是：宽松、自主、合作、文明礼貌、遵循规则、权利与义务分明，最好是生活、游戏与教育融为一体，且游戏节奏适合孩子，从而让孩子更加乐意参与游戏和设计游戏。

总之，为了孩子的成长发展，成人要增强自己设计游戏的意愿，还要学会玩游戏，与孩子一起把游戏玩好，并且在玩中学会思考、创造；要勇敢接受孩子或自己的突发奇想，再与孩子一起把突发奇想的点子玩出来。这样的过程只要反复进行，不一定需要多么昂贵的玩具或者遵循什么深奥的智力开发理论，你和孩子便都能获得最有效的成长与发展。

后 记

这本书稿始于作者孩子尚未出生之时，现如今孩子已经成年，其间波折再三。本着"幼吾幼以及人之幼"的想法，将它付梓供各位有需要的父母或幼儿教师参考。

当初，为了迎接自己孩子的到来，结合自己做教育研究的专业嗜好，笔者对相关的教育学、心理学及其他相关学科的学问进行了广泛涉猎。待孩子出生后，就边玩边做边写，留下一些记录。孩子上小学时，已经有了相当的文字量。由于自己当时来回奔波于南京和皖南，岳父大人看了觉得有趣，便将其中的一些草稿抄写到稿纸上，爱人胡翠红又将它们录入电脑，本书的初稿就这样基本完成了，后来却让它睡了十余年。

2012年，笔者主编的《20世纪中国教育家画传》入选当年国家出版基金项目后，有一些出版社找我约稿，希望能再入选国家出版基金项目。我考虑再三，鉴于0～6岁幼儿教育受功利冲击乱象丛生、家庭及幼儿园教育教学活动的理性严重缺乏的现状，产生了做一套这方面丛书的想法。于是重新唤醒当年的激情，重看这本书稿，对书稿的整体设计进行重新思考，对原稿的文字表述进行了全面的修改和补充，并新增了40个游戏。

这次修改集中体现在运用成人的视角分析和看待幼儿的成长和发展，而不是单纯地从某一个学科出发、从孩子的某一方面发展，并试图使它变成具有可操作性的措施。建议父母或其他成人尽可能在领会这一精神的前提下使用本书，不要急于让孩子达到某个看起来很重要的功利目标。那样的话，孩子越玩，心里越不快乐，这样对孩子的身心发展未必有较好的效果。

本书得以出版，北京理工大学出版社魏诺、杨海莲和洪晓英付出了许多辛劳，在此一并致谢。书中难免还存在各种不当之处，为方便聆听各位指教，特留下本人电子邮箱：chu.zhaohui@163.com，恳请各位读者不吝赐教。

"0～6岁儿童养育专家全知道"跋

储朝晖

　　0～6岁婴幼儿发展是终身发展的基础，早期教育对人的成长发展具有极为关键性的作用，从2010年中国政府开始重视幼儿教育以来，早期教育的重要性也得到更清晰的认识，父母及社会对早期教育的需求日渐增大，期望日益增高，但是目前中国早期教育的专业水平还处在很低的"幼稚"阶段，各地的早教热潮中出现了严重的短期功利取向与混乱现象。

　　有鉴于此，2012年，本人开始约集包括港台在内的我国早期教育前沿的专业工作者，编写出版"0～6岁儿童养育专家全知道"丛书，试图在满足广大父母和早教专业工作者的巨大需求的同时，为早期教育注入理性精神和科学理念，服务幼年人的健康成长发展。经过三年多的努力，终于与读者见面。

　　本套书选题的方式是：依据婴幼儿目前早期教育的实际，依据各位专家的专长，确定各位作者的选题，同时考虑整套丛书的系统性，尽可能在不同领域里选择前沿专家。最后在来稿中选定以下五本书：北师大珠海分校胡学亮教授翻译的无藤隆［日］所著的《发现孩子：早期教育释疑》，该书从发展心理学的研究视角，阐明了对早期教育深层次的理解和观点，解答了家长在早期教育中存在的疑惑，对早期教育的定义、教育内容、教育方法、教育时间及场所等都进行了详细论述，指出了早期教育的可能性和存在的问题；张雪门先生的弟子钱玲娟先生花费数十年心血所著的《幼儿玩具玩与学》，该书主要介绍玩具的功能、不同年龄段玩具的选择、玩法以及自制玩具等；医护专家刘燕华所著的《婴幼儿护理与习惯养成》，以全方位、多层次、连续持久的护理观，介绍护理与幼儿习惯养成的理论、方法、技巧；从事学前和心理方面研究的陈辉博士所著的《幼儿行为问题应对》，该书针对年轻父母对幼儿行为的很多困惑，结合案例做心理学方面的分析，最后指出正确的应对方法（指出应对上的误区），解除缺乏专业知识的父母和老师的很多困惑和误区；本套丛书主编储朝晖所著《亲子成长游戏》，依据儿童生理和心理发展的顺序，依据幼儿发展的规律，为父母提供系列的亲子游戏参考方案。整体上形成一个覆盖早期教育从观念到最常用的各方面实际操作的体系，既可以帮助父母和早期教育人士提升学习，又可直接用于实际。

本套丛书旨在传播科学早教理念，提高教师和家庭成员的早教理论水平，普及早教知识，指导早教行为，配合《国家中长期教育改革和发展规划纲要》的贯彻落实，服务于儿童早期身心健全发展。

在写作上严格要求：（1）所写内容要有科学、实证或文献依据，注意抓住问题的关键，关注细节；（2）所写内容要针对早期教育中的实际问题和父母及早教工作者的困惑，既有思想理论，又有实际操作，突出科学和理性精神；（3）尽力探索早期教育的新问题，凸显出新理念，反映同一研究领域的前沿状态。

本书主要读者对象为父母以及早期教育工作者，所以力求通俗，增强可读性。在整体准确把握相应领域前沿理论的基础上，尽量深入浅出，语言简练，避免歧义。并适当配图，以文带图，图文互补，疏密均匀。

十分荣幸的是，著名幼儿教育专家、98岁高龄的北师大教授卢乐山先生为本套丛书写序，并和本人于2014年6月1日儿童节就南开校史及幼儿教育问题谈了一上午，令人终身难忘。

作者团队中最令人崇敬的是97岁的张雪门先生的弟子钱玲娟老师，一生历经磨难却对幼儿教育事业挚爱、追求不止，每次打电话都有说不完的话，到他家中还是讲幼儿教育的问题和解决方法，本套丛书中的《幼儿玩具玩与学》是她与关崇峻（原外交部幼儿园园长）等众多人几十年积累的心血，代表了这一领域中国现有的研究水平。无藤隆〔日〕先生是东京大学教育学博士，主攻发展心理学、儿童教育学，历任大学教授、小学校长，有专著30余本，译者胡学亮教授曾在日本任教8年后回北师大珠海分校任教。刘燕华女士是原北京军区某后勤部正团职护士长，对护理方面十分专业，所选的幼儿护理与习惯养成的角度又很独特。陈辉是北京师范大学学前教育专业博士，中国社会科学院心理学专业博士后，又有孩子心理问题解决方面的实践经验。这样的团队保证了这套丛书的品质。

在本套丛书的设计和写作过程中，南京师范大学出版社徐蕾副总编、张椿女士给予了大力支持。北京理工大学出版社杨海莲、魏诺、洪晓英在本书出版过程中付出大量的辛勤劳动，一并致谢。

本套丛书依然会有意想不到的缺陷，各位读者有何意见，请直接发至本人邮箱：chu.zhaohui@163.com，先在此致以诚挚感谢！